Für Kerstin und Lara

Holger Ehling

LISSABON

Begegnungen in der Stadt des Lichts

CORSO

ANKOMMEN IN DER STADT DES LICHTS

- 9 — Vorwort
- 14 — Durch die Geschichte mit José Antunes

LISSABON FÜRS AUGE

- 37 — Auf und ab: Mit der 28E durch Lissabon
- 51 — Miguel Saraiva und die geplante Stadt: Architektur
- 60 — Ricardo Cortiço und die Stadt der schönen Kacheln
- 70 — Sprühendes Glück: *Street Art* in Lissabon
- 78 — Boom trotz wenig Geld: Bildende Kunst in Lissabon
- 80 — Privates und Öffentliches mit Catarina Botelho
- 86 — Miguel Marques und die Sprache des Universums
- 93 — Joana Sousa Monteiro: Herrin der Museen

LISSABONNER BÜCHERMENSCHEN

- 101 — Dreimal Buch und Handel
- 112 — Die Sicht des Dichters: João Tordo

LISSABON FÜR LEIB UND MAGEN

- 120 Lissabonner Küchenweisheit mit Ricardo Dias Felner
- 126 Leib und Seele zusammenhalten: Telmo Mellert
- 129 João Castanheira: Näschen für Süßkram
- 137 Bares Glück: Lissabonner Nachtschwärmereien

SCHATTEN IN DER STADT DES LICHTS

- 147 Ari Rocha auf der Suche nach einem Platz
- 149 Unterwegs im Elend: *Cova da Moura*
- 158 Manche sind gleicher als andere: *Vistos Gold*

GLAUBE, LIEBE, SEHNSUCHT – LISSABON FÜR DIE SEELE

- 163 Heile Seele: Padre Duarte
- 168 Mário Pacheco: Meister der *Saudade*
- 178 Der Ball ist rund: João Raimundo
- 184 Pause für *Saudade*: Lissabon feiert

- 189 Leseliste

ANKOMMEN IN DER STADT DES LICHTS

Oh Stadt des Lichts! Ewige Quelle
Von solcher Klarheit, scharf und jungfräulich,
Scheinst Illusion zu sein und bist doch wahr,
Möge hier die Sonne bleiben und immer strahlen

Alberto de Oliveira, *Lisboa* (1. Strophe)

VORWORT

»Über sieben Hügeln,
denen genauso viele Aussichtspunkte entsprechen
und von denen man das wunderbarste Panorama genießen kann,
liegt die riesige, unregelmäßig bunte Häusermasse zerstreut,
die Lissabon bildet.
Für den Reisenden, der sich auf dem Seeweg nähert,
erhebt sich Lissabon, selbst von weither, wie ein schönes Traumgesicht,
gestochen scharf steht es vor einem strahlend blauen Himmel,
den die Sonne mit ihrem Gold erheitert. Kuppeln, Denkmäler,
das alte Kastell ragen über die Menge der Häuser hinaus
wie weit vorgerückte Boten dieses entzückenden Fleckens,
dieses gesegneten Landstrichs.«
Fernando Pessoa[1]

Zu Lebzeiten von Fernando Pessoa, dem 1935 verstorbenen großen Dichter Lissabons, näherten sich die Reisenden der Stadt tatsächlich zumeist auf dem Seeweg. Sie erlebten die Einfahrt vom Atlantik in den *Tejo*, vorbei an den Seebädern am nördlichen Flussufer, vorbei an *Belém* mit seinem trutzigen Turm und seinem wunderbaren Kloster, vorbei an den Anlagen eines der damals größten Häfen der Welt. Sie sahen, wie der *Tejo* sich immer mehr weitet, bis er nicht mehr wirkt wie ein Fluss,

---

[1] Das Zitat stammt aus: Fernando Pessoa: *Mein Lissabon. Was der Reisende sehen sollte.* (Frankfurt/M.: Fischer, 2016). Das Buch bietet eine vergnügliche, aber nicht ganz zuverlässige Führung durch das Lissabon der 1920er-Jahre. Bevor Sie Pessoas Wegbeschreibungen folgen, schauen Sie besser noch einmal auf dem Stadtplan nach.

Viel Licht zu jeder Jahreszeit

sondern wie ein Ausläufer des Meeres, und sahen schließlich, wie sich am Nordufer Lissabon vor ihnen erhob und entfaltete. Ihr Schiff legte an am *Terreiro do Paço*, und sie machten die ersten Schritte in die Stadt hinein, über die majestätische *Praça do Comércio* hinweg, schlenderten durch den Triumphbogen in die *Baixa Pombâlina* oder machten sich an den steilen Aufstieg zu einem der sieben Hügel der Stadt.

Das ist eine schöne Art, um in Lissabon anzukommen. Allerdings erreichen die meisten Besucher, so sie nicht mit einem der unzähligen Kreuzfahrtschiffe unterwegs sind, die Lissabon anlaufen, heutzutage die Stadt nicht mehr auf dem Seeweg, sondern mit dem Auto oder mit dem Flugzeug. Und da muss man schon einen guten Fensterplatz erwischen, um vor der Landung wenigstens ein paar Blicke auf die Stadt zu erhaschen. Immerhin: Gleich bei den Gepäckbändern im Flughafen gibt es die ersten *Pastelarias*, wo man sich die Wartezeit mit einem Kaffee und Süßgebäck vertreiben kann.

Also: *Bem-vindo a Lisboa!*

Dass Lissabon eine der schönsten Städte Europas, ja, sogar der Welt ist, muss man nicht mehr als Neuigkeit verkünden. Seit Jahrzehnten haben Weltenbummler und Touristen die Metropole am südwestlichen Rand Europas ins Herz geschlossen – wegen ihrer Lage auf sieben Hügeln, wegen ihrer charmant-melancholischen Architektur und vor allem wegen ihres unvergleichlichen Lichts.

Sich Lissabon zu erobern, ist im Grunde ganz einfach, denn die Stadt ist viel kleiner als man meint. Die Besucher können die meisten Wege zu Fuß machen. Allerdings lauert hier schon die erste Hürde: Außer in der Unterstadt, der *Baixa*, ist Lissabon fast überall ziemlich steil, so mancher Spaziergang erfordert beinahe schon bergsteigerische Fähigkeiten. Aber diese Unbill nimmt man immer wieder gerne in Kauf, denn die Mühe lohnt sich: Weil die Stadt so steil ist, bieten sich ständig neue Panoramen, die besonders schön zu betrachten sind von einem der unzähligen *Miradouros*, den Aussichtspunkten, die atemberaubende Blicke auf die Stadt am großen Fluss bieten.

Dass Lissabon eine alte Stadt ist, bemerkt jeder, der sich zu Fuß auf den Weg macht, um die Stadt zu erkunden. Das sieht man besonders in den ältesten Stadtteilen wie *Alfama*, *Graça* und *Mouraria*, die das imposante *Castelo São Jorge* umgeben. Hier folgen die meisten Straßen ihrem mittelalterlichen Verlauf, sind eng und verwinkelt und so gar nicht gemacht für die Bedürfnisse einer modernen Metropole. Dazu kommen die unzähligen alten Häuser mit bröckelnden Fassaden in den Stadtteilen, die nach dem verheerenden Erdbeben von 1755 aufgebaut wurden.

Nach Jahrzehnten der Vernachlässigung sehen weite Teile der Stadt aus, als seien sie abbruchreif. Das mutet romantisch an, ist aber für diejenigen, die dort leben, kein besonderer Spaß: Seit die Salazar-Diktatur in den 1940er-Jahren eine Mietpreisbindung einführte, wie man sie ähnlich auch aus der DDR kannte, wurde in die Häuser praktisch nicht mehr investiert. Der Wohnungsbestand verkam und vor allem junge Familien flüchteten sich in die Vorstädte, die ab den 1950er-Jahren entstanden. Das hatte drastische Auswirkungen: Hatte Lissabon 1981 noch mehr als 800 000 Einwohner, sind es heutzutage nur noch wenig mehr als eine halbe Million. Erst seit Kurzem ist die Mietpreisbindung gekippt, seither wird an allen Ecken und Enden von Lissabon gebaut und renoviert – sehr zum Verdruss der *Lisboetas* werden die alten Häuser aber oft zu Luxus- und Ferienbehausungen oder zu Hotels umgebaut. Für die einheimischen Normalverdiener sind sie zumeist unerschwinglich.

Ganz gleich, mit wem man über Lissabon spricht, jeder erwähnt irgendwann das ganz besondere Licht der Stadt, und dies nicht erst seit Alain Tanners Film *Dans la ville blanche* (1983). Das Licht ist intensiv und durchdringend, es ist fast weiß und hart, und es verleiht der Stadt einen gleißenden Zauber. Für die *Lisboetas* ist es ein wichtiger Teil ihrer Identität.

Das könnte man für geschickte Touristenwerbung halten, aber die Besonderheit des Lissabonner Lichts ist das Resultat von Geografie, Topografie, Klima und Architektur: Ganz im Süden Europas gelegen, hat Lissabon durchschnittlich 2786 Sonnenstunden im Jahr, mehr als jede andere europäische Hauptstadt. Madrid hat 100 Sonnenstunden weniger, Berlin kommt auf 1692 Sonnenstunden, was immer noch 30 mehr sind als in Paris. London mit 1573 Sonnenstunden pro Jahr wirkt dagegen recht trübe.

Dazu kommt die Lage der Stadt: Der *Tejo* fließt südlich der Stadt in fast gerader Linie von Ost nach West. Den ganzen Tag scheint die Sonne auf den Fluss, der das Licht wie ein gigantischer Spiegel in die Stadt wirft. Die steilen Hügel der Stadt sind angeordnet wie ein Amphitheater, die Fassaden der Häuser, hell gestrichen oder mit Kacheln verkleidet, reflektieren das Licht hinunter in die Stadt. Das weiße Kalksteinpflaster der *Calçada Portuguesa*, die Bürgersteige und Plätze schmückt, reflektiert das Licht erneut, und besonders im Sommer entsteht der Eindruck, das Licht käme gleichzeitig von oben als auch von unten. Die Witterung trägt ebenfalls dazu bei: In der Regel herrscht eine geringe Luftfeuchtigkeit in Lissabon und es gibt vergleichsweise wenig atmosphärischen Staub. Das, was doch an Smog oder Staub in der Luft ist, pustet der Wind davon, der zumeist aus Nord/Nordost kommt und den Himmel zu allen Jahreszeiten oft tief blau wischt.

Eiligen Touristen entgeht ob der vielen Sehenswürdigkeiten aber oft die eigentliche Attraktion dieser Stadt – die *Lisboetas*. Um sie kennenzulernen, muss man die touristischen Pfade verlassen und sie in ihren Kneipen, Restaurants, Bars und vor allem in den allgegenwärtigen *Pastelarias* besuchen. Wenn man sich dann noch die Mühe macht, wenigstens ein paar Brocken Portugiesisch zu lernen, öffnen sich schnell die Herzen. Die *Lisboetas* wissen sehr wohl, dass ihre Sprache nicht zu den populärsten der Welt gehört, und sie tragen ja auch einen gehörigen Teil dazu bei, dass manch ein Ausländer schnell und einigermaßen verzweifelt die Waffen streckt: Portugiesisch, besonders die in Lissabon gesprochene Variante, ist eine Sprache, bei der die Vokale zum

Frühstück verspeist werden.[2] Im Laufe des Tages werden sie dann, allerdings sehr sparsam, durch die Nase ausgesprochen.

Lisboa é Portugal! Fora de Lisboa não há nada.
(Lissabon ist Portugal! Außerhalb von Lissabon gibt es nichts.)
Eça de Queiroz, *Die Maias*

Für echte *Lisboetas* ist diese Feststellung des großen Spötters Eça de Queiroz[3] eine Selbstverständlichkeit. Dass die anderen Portugiesen ihnen deshalb Arroganz vorwerfen, lässt sie kalt. Auch wenn Porto in den vergangenen Jahren in vielen Bereichen aufgeholt hat, konzentrieren sich Wirtschaft, Politik und Kultur des Landes weiterhin in der Hauptstadt. Und was die *tripeiros*, die »Kuttelfresser«, in Portugals nördlicher Metropole treiben, ist einem echten *Lisboeta* sowieso gleichgültig.

In diesem Buch möchte ich Sie einladen, gemeinsam mit mir dem Leben in dieser Stadt nachzuspüren. Wir lassen uns treiben durch das Straßengewirr und machen dabei immer wieder Halt, wenn uns etwas auffällt. Wir treffen eine Reihe von Menschen, die hier zu Hause sind; ganz unterschiedliche Typen, mit ganz unterschiedlichen Interessen und Lebensentwürfen, die im Alltag mit jeweils ganz eigenen Problemen und Chancen umgehen. Aber trotz dieser Verschiedenheit sind sie doch stellvertretend für die Menschen in dieser großartigen Stadt, und das, was sie uns zu erzählen haben, soll uns dabei helfen, diese Stadt besser kennenzulernen.

Dabei wünsche ich Ihnen viel Spaß.

---

2   Diese Formulierung verdanke ich Alexandra Klobouk und ihrem wunderbaren Büchlein *Lissabon: Im Land am Rand* (Berlin: Viel & Mehr, 2015), S. 62, dessen Erwerb und Lektüre ich herzlich empfehle.
3   José Maria de Eça de Queiroz (1845–1900) wurde berühmt mit Gesellschaftsromanen wie *Vetter Basilio* (1878) und *Die Maias* (1888). Er gilt als bedeutendster portugiesischer Autor des 19. Jahrhunderts. Seine wichtigsten Werke verfasste er in den letzten 25 Jahren seines Lebens, in denen er fast durchgängig als Diplomat im Ausland lebte.

DURCH DIE GESCHICHTE MIT JOSÉ ANTUNES

»Cheguei a Lisboa mas não cheguei a conclusão.«
(Ich bin nach Lissabon gekommen, aber nicht zu einem Schluss.)
Fernando Pessoa, *Buch der Unruhe*

Lissabon fasziniert, Lissabon leuchtet, Lissabon funkelt vor Lebensenergie. Wer die Stadt nicht so gut kennt, kann sicherlich auf eine schlechtere Idee kommen, als sie sich zunächst einmal erklären zu lassen. Das tun wir, und wir haben uns dafür José Antunes ausgesucht, der mit seiner Firma *Lisbon Walker* seit fast 15 Jahren Touristen durch seine Heimatstadt führt. José, der selbst Geschichte studiert hat, stand nach seinem Examen 2005 vor der Frage, was er mit dem Gelernten anfangen sollte: »Die Unternehmen haben damals wie heute nicht wirklich auf Historiker gewartet, und Lehrer wollte ich auch nicht werden«, sagt er. Also gründete er mit einem Freund seine Firma, und er hat es nie bereut: »Ich lerne jeden Tag neue Leute kennen, und durch ihre Fragen komme ich selbst oft auf Dinge, die mir bis dahin noch nicht bekannt waren.«

Also machen wir uns auf den Weg. José hatte vorher schon gewarnt: »Bring bequeme Schuhe mit.« Das ist ein guter Rat: In den nächsten Stunden geht es ständig hoch und runter in der Altstadt von Lissabon, schlechtes Schuhwerk würde sich auf den sieben Hügeln der Stadt schnell rächen. Zunächst einmal schauen wir aber auf den Fluss: »Der *Tejo* war immer schon die Lebensader Lissabons, und er ist wohl auch der Grund, wa-

Unser Führer durch die Geschichte: José Antunes

rum hier überhaupt eine Siedlung entstanden ist«, sagt José. Vor mehr als 3000 Jahren richteten die Phönizier hier einen Handelsplatz ein, den sie *Alis Ubbo* nannten, das heißt »friedliche Bucht«. Daraus machten die Griechen später *Olisipo*. Ob ich von Odysseus und seiner Irrfahrt gehört hätte, will José wissen. Klar, habe ich. »Nach einer Legende ist Odysseus, oder besser: Ulysses, unser Namenspatron«, erzählt er. »Angeblich hat er hier Station gemacht und sich vom hellen Licht an seine Heimat erinnert gefühlt.« Das sei zwar hübsch, aber eben nur eine Legende.

Im Laufe der Geschichte blieb Lissabon ein begehrter Standort für die wechselnden Herrscher in der Region. Nach Phöniziern und Griechen setzten sich Kelten am *Tejo* fest, ab ca. 200 v. Chr. wurde der Ort dann von den Römern beherrscht, es folgten Germanenstämme wie Sueben und Westgoten und schließlich die Mauren. »Die Römer haben die Stadt zwar *Pax Iulia* genannt, aber unsere Vorfahren hat das nicht weiter beeindruckt. Die Mauren haben die Stadt später *Al-Lishbuna* genannt, und bei *Lisboa* ist es dann geblieben«, erzählt José.

Römischer Wasserspeicher in Lissabon

Die Römer blieben fast 700 Jahre. »In der Zeit gab es zunächst heftige Kämpfe mit den Lusitaniern, dem Keltenstamm, der hier zu Hause war. Später ist dann eine römisch-lusitanische Oberschicht entstanden. Daraus ging der Adel hervor, der fast 2000 Jahre lang die Geschicke auf der ganzen iberischen Halbinsel bestimmt hat«, berichtet José: »Für Portugal sind vor allem zwei Dinge des römischen Erbes wichtig: Die Sprache, die aus dem Vulgärlatein der römischen Soldaten und Siedler entstanden ist, und die christliche Religion, also die Grundelemente unserer nationalen Kultur.«

Wir legen einen ersten Stopp an der *Casa dos Bicos* ein – das recht exzentrisch wirkende Haus am Fuß des *Alfama*-Hügels wurde einst auf Geheiß eines reichen Kaufmanns errichtet, der mit der Fassade an die Diamanten erinnern wollte, mit denen er handelte. Heute ist hier die Stiftung des verstorbenen portugiesischen Literatur-Nobelpreisträgers José Saramago beheimatet. Aber José will mir nicht die Werke Saramagos nahebringen. Wir schauen uns das Untergeschoss an, wo Reste der Kaimauern des Hafens aus der Römerzeit zu sehen sind. »Es gibt in Lissabon kaum noch Überreste aus der Zeit der Phönizier, Griechen, Römer oder Mauren«, erzählt José: »Im Laufe der Zeit wurden die alten Gebäude abgerissen oder umgebaut, und was noch stand, wurde zum größten Teil beim großen Erdbeben von 1755 zerstört.«

Bei Bauarbeiten stößt man aber heute immer wieder auf Überreste alter Gebäude – was bei den Bauherren auf stark eingeschränkte Begeisterung trifft. »Wenn etwas gefunden wird, muss es untersucht werden.« Das führt dann schon einmal dazu, dass sich die Arbeiten um Jahre verzögern, so geschehen bei der Renovierung der Kathedrale *Sé Patriarcal*. Auch das nur einen Steinwurf von der Kathedrale entfernte *Teatro Romano*, eine der größten römischen Arenen auf der iberischen Halbinsel, wurde bei Bauarbeiten entdeckt.

Inzwischen sind wir heraufgestiegen in die *Alfama*, das älteste Stadtviertel Lissabons, das sich an das eindrucksvolle *Castelo São Jorge* anschmiegt. »Auch dieser Name ist ursprünglich arabisch«, weiß José: »*Al-Hama* heißt ›Quelle‹, und die gab es hier, was natürlich wichtig war, um eine Siedlung zuverlässig mit Wasser zu versorgen.« Das Gewirr aus steilen Gässchen war seinerzeit das eigentliche Zentrum Lissabons. Dort lag die Medina, der Wohnbezirk der Muslime, mit Basar und Moschee. Heute ist davon nicht mehr viel zu sehen, aber José kennt den Verlauf der alten Stadtmauern und zeigt mir einige der erhalten gebliebenen Reste und Eingänge. »Christen und Juden lebten außerhalb dieses Bereichs; das Zusammenleben verlief zumeist friedlich, einen Zwang zum Konvertieren gab es nicht, und viele Nichtmuslime erreichten hohe Positionen in Wirtschaft und Verwaltung.«

Die Mauren begannen im Jahr 711 die Eroberung der iberischen Halbinsel, nur kurze Zeit später kontrollierten sie auch Lissabon. Fast 450 Jahre lang wurde die Stadt von den Mauren beherrscht, und wie überall auf der iberischen Halbinsel brachte diese Zeit eine Blüte in Wirtschaft, Wissenschaft und Kultur. »Erst 1147 konnte der christliche Herzog Afonso Henriques ein Kreuzritterheer, das eigentlich ins Heilige Land unterwegs war, zur Eroberung Lissabons überreden«, berichtet José: »Seit 1256, als König Afonso III. seine Residenz von Coimbra hierher verlegte, ist Lissabon die Hauptstadt Portugals.«

Die Kathedrale *Sé Patriarcal*, an der wir in der *Alfama* vorbeikommen, wurde ab dem 12. Jahrhundert auf den Resten einer großen Moschee gebaut. Die vielen Gassen des Viertels folgen zum größten Teil dem Verlauf, den sie schon zur Zeit der Mauren hatten. Teilweise stehen die Häuser so dicht beieinander, dass die Bewohner sich über die Straße hinweg die Hände schütteln könnten. »Die Wohnverhältnisse in den unrenovierten Häusern sind teilweise unvorstellbar schlecht. Aber die Touristen lieben das Ambiente hier«, sagt José. Das merkt man: Schon am Vormittag drängen sich die Massen, und man muss aufpassen, nicht von einem der unzähligen Tuk-Tuks angefahren zu werden, die die weniger bergsteigerisch ambitionierten Touristen hinauf zum Kastell fahren. »Die Tuk-Tuks nerven einfach nur«, beschwert sich José: »Sie sind laut und hässlich und sie verpesten die Luft.« Immerhin hat die Stadtverwaltung reagiert und lässt seit einiger Zeit nur noch Tuk-Tuks mit Elektromotor zu.

»Die *Alfama* war der einzige Teil des alten Lissabons, der bei dem großen Erdbeben praktisch unbeschädigt blieb«, sagt José. Was damals mit dem *Castelo São Jorge* passiert ist, möchte ich wissen. »Das sieht zwar heute nach Mittelalter aus, aber die meisten Gebäude in der Burg sind nicht einmal hundert Jahre alt. Das, was Du heute siehst, wurde erst ab Ende der Dreißigerjahre vom Salazar-Regime aufgebaut, es war davor eine traurige Ruine.«

Das *Castelo São Jorge* in seiner heutigen Ausdehnung umfasst in etwa den Bereich der Medina, der alten muslimischen Kernstadt Lissabons. Die eigentliche Burg wurde von den christlichen Königen über eine alte maurische Festung gebaut, zerfiel aber im Laufe der Jahrhunderte. Was übrig war, zerstörte das Erdbeben.

Die Erkundung der *Alfama* ist ebenso faszinierend wie anstrengend. José kehrt mit mir in eine der wenigen *Tascas* der *Alfama* ein, in der Portugiesen den Großteil der Kundschaft stellen. »Ich habe nichts dagegen, dass andere Leute Führungen in Lissabon anbieten«, sagt er.

Ausgrabungen in der Kathedrale *Sé Patriarcal*

»Aber viele von den Anbietern, vor allem die, die kostenlose Touren anbieten, haben Absprachen mit Läden und Kneipen, in die dann die Kunden geführt werden. Außerdem rekrutieren die auch gerne irgendwelche ausländischen Studenten als Führer, die gerade einmal ein paar Wochen in der Stadt sind und eigentlich keine Ahnung von irgendetwas haben.« Bei ihm gibt es das nicht: »Ich gehe in der Regel nicht mit meinen Kunden essen, und wir animieren sie auch nicht dazu, irgendwelche Souvenirs zu kaufen.«

Für den zweiten Teil unserer Erkundung des historischen Lissabons hat José mir weniger Anstrengung versprochen. Das hält er ein: Es geht mit der Straßenbahn hinaus in den Stadtteil *Belém* (Bethlehem), neben der *Alfama* der zweite große Anziehungspunkt für Touristen. »Das ist auch völlig in Ordnung, *Belém* ist ungeheuer wichtig für die Geschichte der Stadt.« Der Grund: Von *Belém* aus stachen die Segler in See, mit denen Portugal zur Weltmacht wurde. Schon 1415 wurde das marokkanische Ceuta erobert, Portugals erste Kolonie außerhalb Europas. Ab 1430 tasteten sich dann die portugiesischen Seeleute in Richtung Süden vor, nahmen Madeira und die Azoren in Besitz, eröffneten Handelsstützpunkte in Afrika – und importierten neben Gold, Elfenbein und Pfeffer vor allem Sklaven in großer Zahl. Vasco da Gama brach 1497 von *Belém* zu seiner ersten Reise nach Indien auf. Portugal sicherte sich in den nächsten Jahrzehnten mit brutaler Gewalt eine Monopolstellung im Handel mit Indien, den Gewürzinseln, China und Japan. Gewürze, Seide und Porzellan bescherten Lissabon ungeahnte Reichtümer, das Königshaus galt als reichstes in Europa.

Das viele Geld wurde vor allem für den Bau von Klöstern und Palästen ausgegeben. Das sieht man beim Anblick des riesigen *Mosteiro dos Jerónimos*, der Hauptattraktion *Beléms*, das im 16. Jahrhundert erbaut wurde. Die strahlend weiße, 300 Meter lange Fassade, das Kirchenschiff und die Gänge im Inneren sind über und über verziert mit filigranem Steinkunstwerk, und neben den zu erwartenden Statuen von Heiligen finden sich unzählige Darstellungen von exotischen Früchten, von Schiffen, Tauen, Ankern und anderen nautischen Gerätschaften.

»Das ist typisch für die Architektur der Zeit des Königs Manuel I.«, erklärt José: »Dieser Stil ist in Europa einzigartig, weil er Elemente der Gotik und der maurischen Architektur miteinander verbindet. Leider hat das große Erdbeben fast alle Gebäude zerstört, die in dieser Zeit entstanden sind.« Immerhin: Gegenüber dem Kloster findet sich der *Torre de Belém*, der 1521 fertiggestellt wurde – das trutzige Gemäuer diente ursprünglich als Leuchtturm, später auch als Gefängnis und Waffenlager.

Gleich daneben steht der *Padrão dos Descobrimentos*, das Denkmal der Entdeckungen, auf dem sich, angeführt von Heinrich dem Seefahrer, die Abbildungen von 33 Männern finden, die als Kapitäne, Dichter, Maler oder Prediger dabei halfen, Portugal als Weltmacht zu etablieren. »Das Denkmal wurde 1960 errichtet, die Salazar-Regierung wollte damit unsere Kolonialgeschichte feiern. Immerhin diskutieren wir jetzt auch seit ein paar Jahren über ein Denkmal für die fast 6 Millionen Afrikaner, die wir als Sklaven verschleppt haben. Einen Plan dafür gibt es aber noch nicht«, sagt José. Dieses Verbrechen wirft einen dunklen Schatten auf die oft als »goldene Zeit« bezeichnete Periode des portugiesischen Imperiums. »Es war für die Künste und die Architektur sicher eine goldene Zeit, aber der phänomenale Reichtum, der aus Asien und später aus Brasilien nach Lissabon geflossen ist, wurde fast vollständig mit dem Bau von Palästen, Kirchen und Klöstern verprasst. In den Aufbau von Gewerbe oder Industrie ist praktisch nicht investiert worden, und daran leidet das Land eigentlich bis heute.«

Wir verzichten auf den Besuch des großartigen *Centro Cultural de Belém* und des 2016 eingeweihten *Museu de Arte, Arquitetura e Tecnologia* (MAAT), verkneifen uns auch die legendären Puddingtörtchen, die *Pastéis de Belém* – »Die sind prima, aber nicht so außergewöhnlich gut, dass ich dafür eine Stunde anstehen würde«, meint José. Wir fahren zurück in die *Baixa*. Die Unterstadt im Herzen Lissabons ist eines der wenigen Areale der Stadt, die halbwegs flach geraten sind. Dort gehen wir zur *Praça do Comércio*, dem Prachtplatz Lissabons, der sich im Norden mit einem Triumphbogen schmückt und sich nach Süden

dem *Tejo* öffnet. An drei Seiten wird das riesige Areal gesäumt von einem prächtigen gelben Gebäudekomplex mit Arkadengängen, der nach dem Erdbeben von 1755 erbaut wurde.

»Hier in der *Baixa* siehst Du, wie Lissabon nach dem Erdbeben aufgebaut wurde«, sagt José und erzählt die Geschichte dieser Katastrophe. »Es passierte am 1. November 1755, dem Allerheiligentag. Just zur Zeit der Messe wurde Lissabon von einem gewaltigen Erdbeben erschüttert, Gebäude stürzten ein, der Erdboden brach auf, überall in der Stadt loderten Brände. Wer konnte, rettete sich hinunter zum Fluss. Das war eine verhängnisvolle Idee, weil durch das Beben ein Tsunami entstanden war, der über die Stadt hereinbrach und Tausende in den Tod riss. Man nimmt an, dass damals wenigstens 30 000 Menschen ums Leben gekommen sind, genau ist das aber nie geklärt worden.«

Das Erdbeben von Lissabon gehört zu den stärksten, die jemals Europa erschütterten. Bis nach Skandinavien war das Beben zu spüren, die Flutwellen rissen an der nordafrikanischen Küste tausende Menschen in den Tod und richteten bis in die Karibik und hinauf nach Schottland Schäden an Hafenanlagen an. »Mindestens zwei Drittel der Gebäude in Lissabon waren zerstört, darunter viele Adelspaläste, Kirchen und Hospitäler. Lediglich die *Alfama* und die dünn besiedelte Oberstadt blieben einigermaßen intakt.« Ganz Europa war schockiert: Wie ein gütiger Gott ein solches Grauen zulassen konnte, fragten sich nicht nur Philosophen und Theologen.[4]

»Das Erdbeben war fürchterlich, aber wegen dieser Katastrophe war es auch möglich, dass sich Lissabon zu einer modernen Stadt entwickeln konnte«, sagt José. Tatsächlich begann der Wiederaufbau der Stadt schon nach wenigen Tagen. Unter der Ägide des Premierministers, des späteren Marquês de Pombal, wurden die Trümmer beseitigt und die Unterstadt, die *Baixa*, im Schachbrettmuster einheitlich neu gebaut, das Viertel war stets eher Geschäftszentrum als Wohngebiet.

---

4 Eine der besten Darstellungen der Auswirkungen des Erdbebens auf die europäische Geistesgeschichte bietet: Horst Günther: *Das Erdbeben von Lissabon: Wie die Natur die Welt ins Wanken brachte – von Religion, Kommerz und Optimismus, der Stimme Gottes in der Natur und der sanften Empfindung des Daseins*. Wiesbaden: Corso, 2016.

Torre de Belém

Nächste Doppelseite: *Mosteiro dos Jerónimos* in *Belém*

»Pombal ist nicht einmal davor zurückgeschreckt, die Reste des Königspalasts abzureißen, der hier stand, nur ein Turm an der Westseite ist erhalten geblieben«, weiß José: »Deshalb hieß es immer, Pombal habe mehr zerstört als das Erdbeben. Aber das ist natürlich Unsinn.« Pombal benannte auch den Platz um: Die *Praça do Comércio*, der »Platz des Handels«, ersetzte den alten *Terreiro do Paço* (»Palast-Platz«), und das nicht nur, weil eben jener Palast abgerissen wurde. Pombal wollte damit gezielt die Wirtschaft der Stadt fördern. Echte *Lisboetas* nennen die *Praça do Comércio* bis heute übrigens immer noch *Terreiro do Paço*, und auch die Metro-Station trägt den alten Namen.

»Lange Zeit konnte niemand etwas anfangen mit diesem tollen Platz am Fluss, bis in die 1990er-Jahre war das hier ein riesiger Parkplatz«, erzählt José. Erst im Zuge der Vorbereitungen auf die EXPO 1998 wurde auch die *Praça do Comércio* wiederentdeckt, seither ist sie mit ihrer atemberaubenden Kulisse eine Art »gute Stube« der Stadt, wo fast jeden Monat Konzerte und andere Großveranstaltungen stattfinden. »Und im Café *Martinho da Arcada* wird immer noch ein Tisch freigehalten für Fernando Pessoa, unseren größten Dichter des 20. Jahrhunderts«, erzählt er mit einem Grinsen: »Das *Martinho* war nämlich sein Stammlokal. In das *Café A Brasileira* am Chiado-Platz, vor dem er als Statue sitzt, ist er nur selten gegangen.«

Portugal hatte schon im 17. Jahrhundert, als das Land für einige Zeit in Personalunion von Spanien aus regiert wurde, seine Besitzungen in Asien zum größten Teil verloren. Da traf es sich gut, dass sich Brasilien zur sprudelnden Geldquelle entwickelte: Gold und Diamanten wurden gefunden, Zucker angebaut – damit war bald wieder genügend Geld im Land, um weitere Prachtbauten und die Einfuhr von Waren zu finanzieren. Nach wie vor wurde praktisch nichts in die Entwicklung der heimischen Wirtschaft investiert. »Das führte dazu, dass Lissabon mit seinem Hafen die Leute vom Land magisch angezogen hat, bis zum Beginn des 19. Jahrhunderts verdoppelte sich die Einwohnerzahl«, erzählt José. Gleichzeitig verließen tausende junge Männer das Land, um zur See zu fahren oder in den Kolonien ihr Glück zu suchen.

Zurück blieben Alte, Kinder, Witwen und junge Frauen, die sehnsüchtig auf die Schiffe und die Rückkehr ihrer Liebsten warteten. »In der Zeit entstand in den Kneipen der Tagelöhner, Gauner und Prostituierten der *Fado*, das ist die ureigene Musik Lissabons.«

»Das 19. Jahrhundert war eigentlich eine einzige lange Agonie«, erzählt José: »Zunächst einmal flüchtete 1807 der gesamte Hofstaat nach Brasilien, kurz bevor Lissabon von Napoleons Truppen eingenommen wurde. Rio de Janeiro war deshalb 15 Jahre lang Hauptstadt des Königreichs. Als der König 1822 zurückkam, gab es zwar ein halbwegs demokratisches Parlament, aber der politische Streit zwischen den Parteien sorgte dafür, dass es jahrzehntelang nicht wirklich vorangegangen ist. Da wurden viele Denkmäler gebaut, aber kaum Straßen, Brücken oder Eisenbahnverbindungen.« 1908 wurden auf der *Praça do Comércio* der portugiesische König Carlos I. und der Thronfolger Luís Filipe Opfer eines Attentats; 1910 wurde die Republik ausgerufen. »Das ging aber ziemlich schief: Wir hatten in 15 Jahren mehr als 40 Regierungen.« 1926 knipste das Militär der Demokratie das Licht aus.

»Nach dem Putsch blieb Portugal fast 50 Jahre lang eine Diktatur«, erzählt José: »Die meiste Zeit davon regierte António de Oliveira Salazar. Der war Jurist und Finanzexperte, bewunderte Mussolini und Hitler und wollte Portugal von der Welt weitgehend abschotten. Lissabon lag in dieser Zeit wie unter einer Käseglocke, es gab eine harte Zensur und überall spitzelte die Geheimpolizei. Wer gegen Salazar war, kam ins Gefängnis. Portugal wurde in dieser Zeit zum ärmsten Land Westeuropas, und als das Regime 1974 endlich weggeputscht wurde, hatten wir eine Analphabetenrate von 40 Prozent. Immerhin hat Salazar dafür gesorgt, dass Portugal im Zweiten Weltkrieg neutral geblieben ist.« In diesen Kriegsjahren wurde Lissabon für einige Jahre zu einem Schmelztiegel für Flüchtlinge aus den vom Hitlerfaschismus überrannten Ländern Europas, die hier sehnsüchtig auf eine Passage nach Nord- oder Südamerika warteten.

Wir sind inzwischen in das *Bairro Alto* hinaufgestiegen, westlich der *Baixa*, und stehen in der *Rua António Maria Cardoso* vor dem al-

Tuk-Tuks erfreuen nicht jeden

ten Hauptquartier der Geheimpolizei PIDE. Dies war der einzige Ort, an dem es bei der »Nelkenrevolution« am 25. April 1974, mit der das Militär die Diktatur beendete, zu Kämpfen kam; vier Zivilisten starben. »Die Zeit war einfach reif für Veränderung«, sagt José: »Das Land war wirtschaftlich am Ende, und das Regime war moralisch am Ende, vor allem wegen der Kriege um die Unabhängigkeit unserer Kolonien in Afrika.« Ganz Lissabon jubelte den Putschisten zu: »Es muss eine echte Volksfeststimmung geherrscht haben. Dass wir den Putsch ›Nelkenrevolution‹ nennen, kommt ja daher, dass die Soldaten von der Bevölkerung mit Blumen überschüttet wurden.« Portugal machte sich nach der Revolution auf den Weg in eine demokratische Zukunft – und der war nicht immer gerade und einfach. Ob es noch Leute gibt, die Salazar und seinem Regime nachtrauern, will ich wissen. »Gar nicht so wenige«, seufzt José: »Vor ein paar Jahren wurde Salazar bei einer Fernseh-Abstimmung zum bedeutendsten Portugiesen aller Zeit gewählt. Das musste man auch erst einmal verdauen.«

José profitiert mit seiner Firma von dem ungeheuren Tourismusboom, der Lissabon in den vergangenen Jahren erfasst hat: 2017 wurden mehr als 6 Millionen Gäste gezählt. »Die Wirtschaft profitiert davon, und es gibt viele Arbeitsplätze. Das ist gut«, sagt José: »Aber ich bin nun einmal *Lisboeta* und lebe hier, weil ich die Stadt liebe und nicht nur, weil ich mit ihr mein Geld verdiene. Der Boom stellt uns vor allem beim Wohnraum vor Probleme. Wir haben inzwischen mehr als 10 000 Ferienwohnungen in Lissabon, und die Mieten sind so stark gestiegen, dass die meisten Leute sich eine Wohnung praktisch nicht mehr leisten können. Man hätte sich anschauen müssen, was in einer Stadt wie Barcelona passiert ist, wo ja der Tourismusboom schon zehn Jahre früher angefangen hat. Aber es gibt leider bis heute keine brauchbaren Konzepte, wie die Bedürfnisse von Tourismus und Einheimischen in Einklang gebracht werden können.«

Nächste Doppelseite: *Praça do Comércio* – Blick vom Triumphbogen

GESCHICHTE LISSABONS

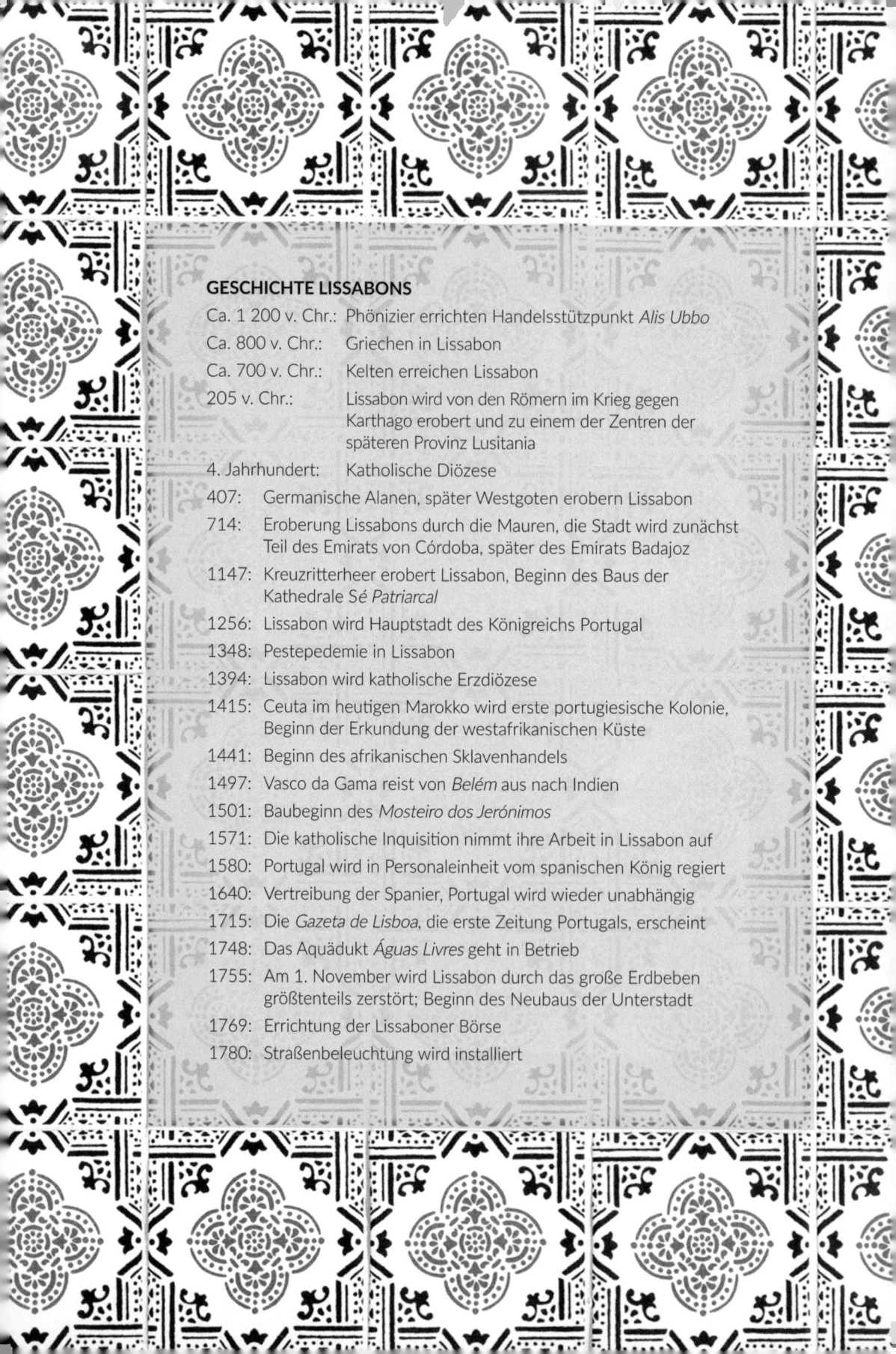

Ca. 1 200 v. Chr.:	Phönizier errichten Handelsstützpunkt *Alis Ubbo*
Ca. 800 v. Chr.:	Griechen in Lissabon
Ca. 700 v. Chr.:	Kelten erreichen Lissabon
205 v. Chr.:	Lissabon wird von den Römern im Krieg gegen Karthago erobert und zu einem der Zentren der späteren Provinz Lusitania
4. Jahrhundert:	Katholische Diözese
407:	Germanische Alanen, später Westgoten erobern Lissabon
714:	Eroberung Lissabons durch die Mauren, die Stadt wird zunächst Teil des Emirats von Córdoba, später des Emirats Badajoz
1147:	Kreuzritterheer erobert Lissabon, Beginn des Baus der Kathedrale *Sé Patriarcal*
1256:	Lissabon wird Hauptstadt des Königreichs Portugal
1348:	Pestepedemie in Lissabon
1394:	Lissabon wird katholische Erzdiözese
1415:	Ceuta im heutigen Marokko wird erste portugiesische Kolonie, Beginn der Erkundung der westafrikanischen Küste
1441:	Beginn des afrikanischen Sklavenhandels
1497:	Vasco da Gama reist von *Belém* aus nach Indien
1501:	Baubeginn des *Mosteiro dos Jerónimos*
1571:	Die katholische Inquisition nimmt ihre Arbeit in Lissabon auf
1580:	Portugal wird in Personaleinheit vom spanischen König regiert
1640:	Vertreibung der Spanier, Portugal wird wieder unabhängig
1715:	Die *Gazeta de Lisboa*, die erste Zeitung Portugals, erscheint
1748:	Das Aquädukt *Águas Livres* geht in Betrieb
1755:	Am 1. November wird Lissabon durch das große Erdbeben größtenteils zerstört; Beginn des Neubaus der Unterstadt
1769:	Errichtung der Lissaboner Börse
1780:	Straßenbeleuchtung wird installiert

1807:	Lissabon wird von französischen Truppen erobert; König und Hofstaat fliehen nach Rio de Janeiro
1834:	Beginn regelmäßiger Sitzungen des Parlaments in eigenem Gebäude
1864:	Das *Diário de Notícias* erscheint, heute die älteste Tageszeitung des Landes
1873:	Pferde-Straßenbahn nimmt Betrieb auf
1877:	Fertigstellung der Eisenbahnverbindung nach Porto
1886:	Beginn des Baus der Prachtstraße *Avenida da Liberdade*
1900:	Der Lift *Santa Justa* nimmt den Betrieb zwischen *Baixa* und *Chiado* auf
1901:	Elektrische Straßenbahn
1908:	Am 1. Februar werden König Carlos I. und der Thronfolger Luís Filipe auf der *Praça do Comércio* ermordet
1910:	Ausrufung der Republik
1926:	Militärputsch, Errichtung der Diktatur
1933:	Neue Verfassung, Einrichtung des *Estado Novo* unter Führung von António Oliveira de Salazar
1940:	*Exposição do Mundo Português*, »Ausstellung der portugiesischen Welt« in Lissabon
1959:	Lissabonner Metro nimmt den Betrieb auf
1960:	Bau des *Padrão dos Descobrimentos* in *Belém*
1966:	Eröffnung der ersten Brücke über den *Tejo* – die »Salazar-Brücke« wird nach der Nelkenrevolution in »Brücke des 25. April« umbenannt
1974:	Am 25. April beendet die Nelkenrevolution die Diktatur
1986:	Beitritt zur Europäischen Union
1998:	EXPO in Lissabon
2004:	Fußball-Europameisterschaft in Portugal
2006:	Am 29. Januar erlebt Lissabon einen Schneesturm

LISSABON FÜRS AUGE

»*Quem não viu Lisboa,
não viu coisa boa.*«
»Wer Lissabon nicht gesehen hat,
hat nichts Schönes gesehen.«
Portugiesisches Sprichwort

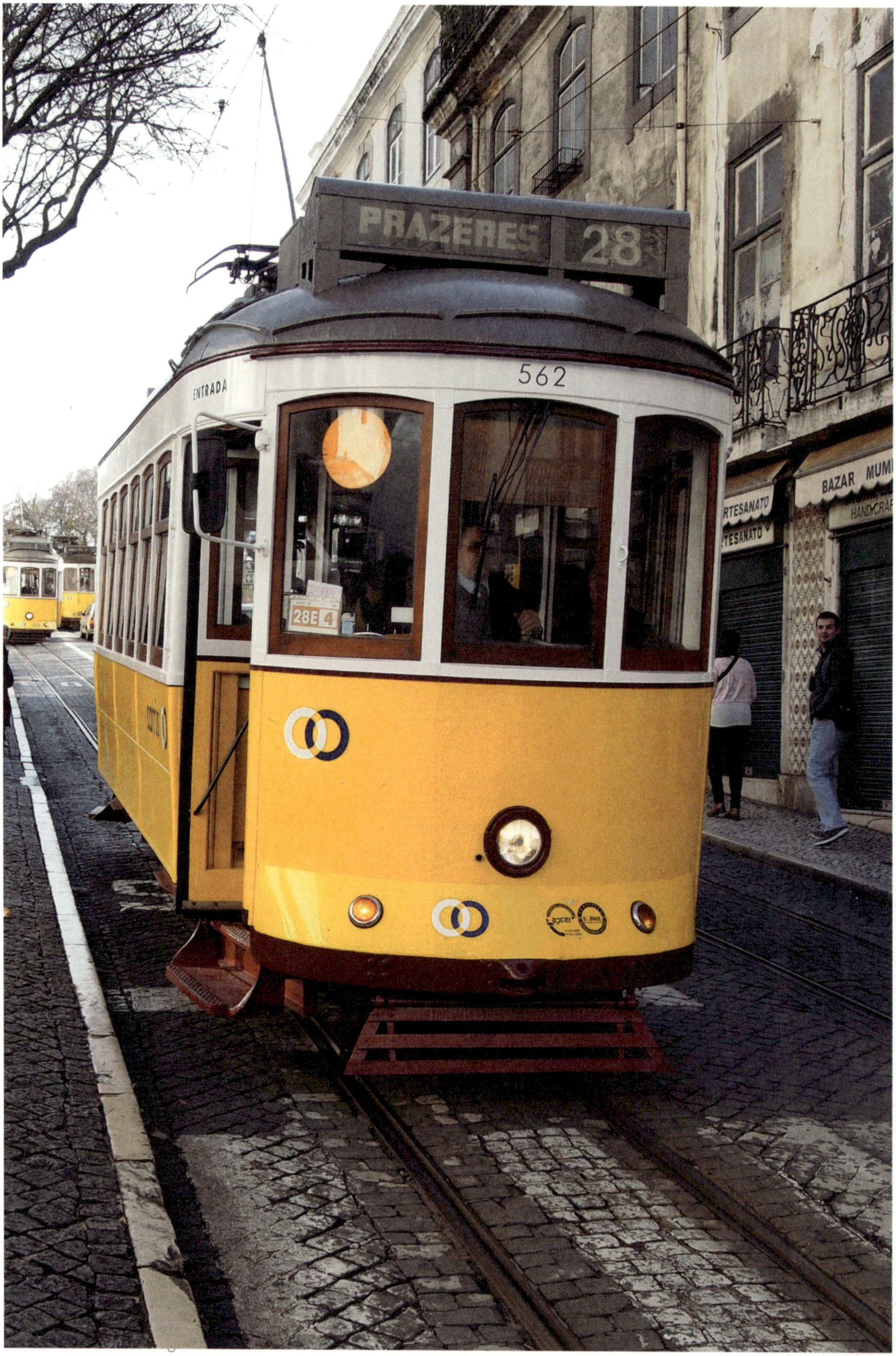
PRAZERES
28
562
ENTRADA
28E 4
BAZAR

AUF UND AB:
MIT DER 28E DURCH LISSABON

Mit José Antunes haben wir bereits einen großen Teil von Lissabon erkundet. Jetzt tun wir, was gefühlt jeder einzelne Besucher Lissabons auch tut: Wir quetschen uns in die legendäre Trambahn 28E (das »E« steht für *elétrico*), die von der *Praça Martim Moniz* in der Nähe der *Baixa* über Berg und Tal hinauf in die *Alfama* rumpelt, wieder herunter zur *Baixa* kommt, um steil ins *Bairro Alto* herauf- und wieder nach *São Bento* herunterzuklettern, sich dann die ebenso steile wie lange *Calçada da Estrela* heraufzumühen, bis sie schließlich auf dem letzten Streckenabschnitt bis zum Friedhof *Cemitério dos Prazeres* im westlichen Stadtteil *Campo de Ourique* ein wenig ausruhen darf.

Billiger ist eine Stadtrundfahrt nicht zu haben: Für 2,90 Euro (mit den aufladbaren *7Colinas* und *Viva Viagem*-Tickets ist es noch günstiger, in der *Lisboa Card* ist der Fahrpreis enthalten) geht es vorbei an vielen Sehenswürdigkeiten. Die Gegend um die *Praça Martim Moniz* bietet die internationalste Speisenauswahl Lissabons, von den Kapverden über China und Indien bis Nepal, Stadtviertel wie *Graça* mit dem *Convento de São Vicente* und dem Flohmarkt *Feira da Ladra* (»Markt der Diebin«, dienstags und sonnabends), *Alfama* mit der *Sé Patriarcal*, dem *Castelo São Jorge* und den beängstigend engen Sträßchen, *Bairro Alto* mit der *Praça Luís de Camões* und dem *Miradouro Santa Catarina*, *Lapa* und *Estrela* mit dem Parlament und der *Basílica da Estrela* liegen allesamt auf dem Weg.

Überall lohnt es, auszusteigen und die nähere Umgebung zu erkunden. Allerdings wird man bei der Weiterfahrt, jedenfalls zwischen

Eng, unbequem und trotzdem Kult: Straßenbahn 28E

9 Uhr und 18 Uhr, dann kaum noch einen Sitzplatz ergattern können. Der bisweilen sehr enge Kontakt mit wildfremden Menschen aus aller Herren Länder, die ebenfalls Lissabon mit der 28E erkunden wollen, ist sicher nicht jedermanns Geschmack. »Wer ein Gefühl dafür bekommen will, wie sich Sardinen in ihrer Dose fühlen, der ist hier richtig«, sagt Marco Paulo Malta mit breitem Grinsen. Seit 2004 ist er Tramfahrer, allerdings sind seine Kollegen und er nicht nur mit den Museumsbähnchen unterwegs. »Wir fahren alle Straßenbahnen, die in Lissabon unterwegs sind, und die meisten davon sind natürlich sehr modern.«

Ich bin mit Marco aus dem Depot losgefahren, das gleich bei der »Brücke des 25. April« gelegen ist. Wir haben also bis zum offiziellen Start unserer Tour genügend Zeit zum Plaudern. Zur Straßenbahnfahrerei ist er über eine Annonce in der Zeitung gekommen. »Vorher habe ich in verschiedenen Jobs gearbeitet, zum Beispiel als Verkäufer«, erzählt er. Die städtische Transportgesellschaft *Carris*, die auch die Busse und die Metro betreibt, sei nun einmal ein sicherer Arbeitgeber, über den Lohn kann er auch nicht klagen. Die Ausbildung dauert drei Monate, danach gibt es einen Test, und danach werden die Fahrer auf allen Straßenbahnen eingesetzt, sowohl auf den alten Bähnchen wie auch auf den drei Standseilbahnen, dem Aufzug *Santa Justa* und auf den modernen Bahnen. »Natürlich sind die neuen Bahnen viel leichter zu fahren«, sagt Marco.

Bis zu 20 Personen können in dem holzgetäfelten Wägelchen der 28E sitzen, weitere 38 stehen. Falls Sie sich übrigens wundern, warum bisweilen zwei oder drei davon an der Endhaltestelle stehenbleiben, obwohl sie doch die Schlange der Wartenden aufnehmen könnten: Theoretisch soll ein Abstand von 10 Minuten gewahrt werden, um einen kontinuierlichen Transport zu gewährleisten. Dieser Abstand gilt in der Praxis aber nur an den Endhaltestellen – der chaotische Lissabonner Verkehr sorgt dafür, dass die Planung zumeist schon nach den ersten Kilometern hinfällig ist. »Das größte Hindernis sind immer wie-

Zuverlässig durch die Stadt mit Marco Malta

der Autos, die so geparkt sind, dass wir nicht durchkommen«, erzählt Marco: »Dann stauen sich auch schon einmal drei oder vier Bahnen. Wie das bei den Fahrgästen ankommt, kannst Du Dir vorstellen.«

Seit 1901 fahren die elektrischen Bähnchen, und manche von ihnen wirken, als seien sie tatsächlich schon so lange im Einsatz. Ganz so schlimm ist es nicht: Die Wagen, die heute benutzt werden, wurden zwischen 1935 und 1940 gebaut und 1995 modernisiert. Das ist allerdings durchaus ein ordentliches Alter – die Lissabonner *elétricos* sind nach den Wagen der Straßenbahn in Mailand die zweitältesten, die in Europa eingesetzt werden. Aber sie werden gut instand gehalten, und derzeit sogar mit kostenlosem WLAN-Anschluss ausgerüstet.

Wir sind an der *Praça Martim Moniz* angekommen, und los geht es mit unserer Rundfahrt. Schon kurz nach der Abfahrt rumpelt das Bähnchen unter unüberhörbarer Anstrengung hinauf nach *Graça*, dem höchstgelegenen Punkt der Stadt. Hier könnten wir aussteigen und zum *Miradouro de Nossa Senhora da Monte* gehen. Er gehört zu den schönsten auf dieser Seite Lissabons und bietet einen fantastischen Ausblick auf die Stadt, vom südlich gelegenen *Castelo São Jorge* über die *Baixa*, das *Bairro Alto* und den *Tejo* bis hin zur *Brücke des 25. April* in Richtung Westen, und zum gruseligen Shopping-Center *Torre de Amoreiras* weiter nördlich. Von hier sind es auch nur wenige Minuten Fußweg zum Kastell oder zum *Convento da Graça*, das weißleuchtend über der Stadt thront. Das Kloster wird heute als Kaserne genutzt, einige Teile sind aber zu besichtigen.

Auch der nächste mögliche Stopp bietet eine tolle Aussicht: Vom *Miradouro Portas do Sol (Tor zur Sonne)* schweift der Blick Richtung Osten, über das *Panteão Nacional* und den *Tejo*, der sich dort zu einem flachen See ausweitet, bis zum EXPO-Gelände und der Brücke *Ponte Vasco da Gama*. Ohne Zufahrtsstraßen misst sie mehr als 12 Kilometer, sie ist damit eine der längsten Brücken der Welt. Die Eröffnung der Brücke wurde 1998 mit einem riesigen *Feijoada*-Fest begangen, über mehr als 10 Kilometer erstreckten sich die Tische, an denen die *Lisboetas* sich ihren Bohneneintopf schmecken ließen. Am *Miradouro* steht auch die Statue des Hl. Vincenz, des Schutzpatrons der Stadt, der in seinen Armen eine Karavelle mit zwei Raben hält, dem Wappen von Lissabon.

Bei der Weiterfahrt durch die engen Gässchen der *Alfama* zeigt sich deutlich, warum die Straßenbahnfahrer in Lissabon *Guarda-freios* genannt werden – »Bremsenwächter«. Tatsächlich kreischen die starken Bremsen den ganzen Weg hinunter. Bis zum Ende unserer Fahrt werden wir uns daran gewöhnt haben. Wir verstehen jetzt auch, warum auf dieser Strecke die nur knapp 9 Meter langen »Museumsbähnchen« eingesetzt werden: Die Straßenführung ist so eng, dass längere Züge keine Chance hätten, um die Kurven zu kommen. Dass hier in der *Alfama* immer wieder junge Männer eine Fahrt als blinde Passagiere ergattern, indem sie auf die Treppenstufe am Hinterausgang der Bahn springen und sich am Bügel neben der Tür festhalten, gehört übrigens auch zur Folklore der 28E.

»Man muss hier in der *Alfama* wirklich sehr aufpassen«, sagt Marco: »Es ist nirgends so eng wie hier, und es laufen immer wieder Leute auf die Straße, die nicht daran denken, dass wir nicht so einfach bremsen können.« Besonders bei Feuchtigkeit sind die steilen Straßen ein Problem: Wenn die Räder der Bahn anfangen, durchzudrehen, müssen die Fahrer Sand auf die Gleise rieseln lassen. Die Behälter dafür sind übrigens gleich am Eingang untergebracht, in den roten Sitzbänken für Leute, die nicht gut stehen können.

Immer noch in der *Alfama* könnten wir den nächsten Stopp einlegen und die Kathedrale *Sé Patriarcal* besuchen. Die Hauptkirche Lissabons ist das älteste permanent genutzte Gotteshaus der Stadt, sie wurde nach der Eroberung durch ein christliches Kreuzritterheer im 12. Jahrhundert auf die Reste der alten Hauptmoschee gebaut. Bei Renovierungsarbeiten wurden im Untergrund zahlreiche Baureste aus maurischer und römischer Zeit freigelegt; der Kreuzgang im Osten des Gebäudes beherbergt eine archäologische Ausstellung. Nicht weit entfernt davon befindet sich auch das *Teatro Romano*, eines der größten römischen Amphitheater auf der iberischen Halbinsel.

Wir kommen in der *Baixa* an und unser Bähnchen darf sich ein paar hundert Meter lang in flachem Gelände erholen. Dann aber beginnt der Aufstieg ins *Bairro Alto*, und die Steigung von fast 14 Grad unterstreicht nachdrücklich die Bedeutung des Namens – das Viertel ist wirklich hoch gelegen. Dort angekommen, könnten wir am *Largo do Chiado* aussteigen, in einem der eleganten Kaufhäuser an der *Rua Garrett* shoppen gehen, eine *Bica* im *Café A Brasileira* trinken, uns mit der Bronzestatue von Fernando Pessoa ablichten lassen oder uns auf der *Praça Luís de Camões* an einem der bekanntesten *Quiosques* der Stadt einen Drink genehmigen. Das *Museu de Arte Contemporânea* findet sich hier ebenfalls. Sie merken: Dies hier ist ein absoluter Touristen-Hotspot.

Die Preise für Speisen und Getränke spiegeln das auch wider, deshalb ist es ratsam, ein Stückchen weiterzufahren und erst dann auszusteigen, wenn wir auf der linken Seite den *Elevador da Bica* sehen, eine von drei Standseilbahnen in Lissabon. Das Seilbähnchen sieht aus wie ein schräg stehender Straßenbahnwagen und verbindet das *Bairro Alto* mit dem darunterliegenden Stadtteil *São Paulo*; es überwindet einen Höhenunterschied von 45 Metern. Noch vergnüglicher ist es aber, zum *Miradouro de Santa Catarina* zu gehen. Falls sie einen *Lisboeta* nach dem Weg fragen wollen, vergessen sie aber am besten diesen offiziellen Namen: Fragen Sie nach dem *Adamastor*. Dann weiß jeder Bescheid. *Adamastor* ist der Name eines mythischen Seeungeheuers aus dem von Luís de Camões verfassten Nationalepos *Die Lusiaden*, und an diesem *Miradouro* steht eine imposante Statue. Hier sitzt es sich besonders lauschig gegen Sonnenuntergang, man blickt entspannt auf den Fluss, lässt den Tag Revue passieren oder träumelt einfach nur so vor sich hin.

Wir bleiben aber bei Marco an Bord und sind inzwischen nicht sonderlich überrascht, dass es mal wieder abwärts geht, um enge Kurven, bis sich auf der rechten Seite der weiße Bau des *Palácio de São Bento* blicken lässt, der Sitz des portugiesischen Parlaments. Seit 1834 tagt hier die Volksvertretung, vorher diente das Gebäude, das vom Ende des 15. Jahrhunderts datiert, als Kloster. Die prachtvolle Treppe und der grandiose Eingang sind allerdings sehr viel späteren Datums. Hinter dem Gebäude, und von der Straße nicht einsehbar, befindet sich ein hübscher Park mit einem kleinen Palais. Das ist der Dienstsitz des Premierministers. An ein paar Tagen im Jahr ist der Park öffentlich zugänglich – der Besuch lohnt sich.

Wir haben inzwischen schon eine ordentliche Wegstrecke zurückgelegt, und falls wir ausgestiegen wären, stünden wir jetzt vor der Gewissensfrage, ob wir bis zur nächsten Etappe zu Fuß gehen. Bis zur barocken *Basílica da Estrela* mit ihrer weißen Kuppel sind es zwar nur ein paar hundert Meter, die aber haben es in sich: Die *Calçada da Estrela* ist extrem steil. Möglicherweise ist es eine gute Idee, die Kräfte zu sparen, denn wer gut zu Fuß ist, kann auf das Dach der Basilika steigen – der Ausblick ist atemberaubend. Bis heute ist die Basilika, die Ende des 18. Jahrhunderts erbaut wurde, so etwas wie die Lieblings-

Barockes Juwel: Die *Basílica da Estrela*

Nächste Doppelseite: Entspannung im *Jardím da Estrela*

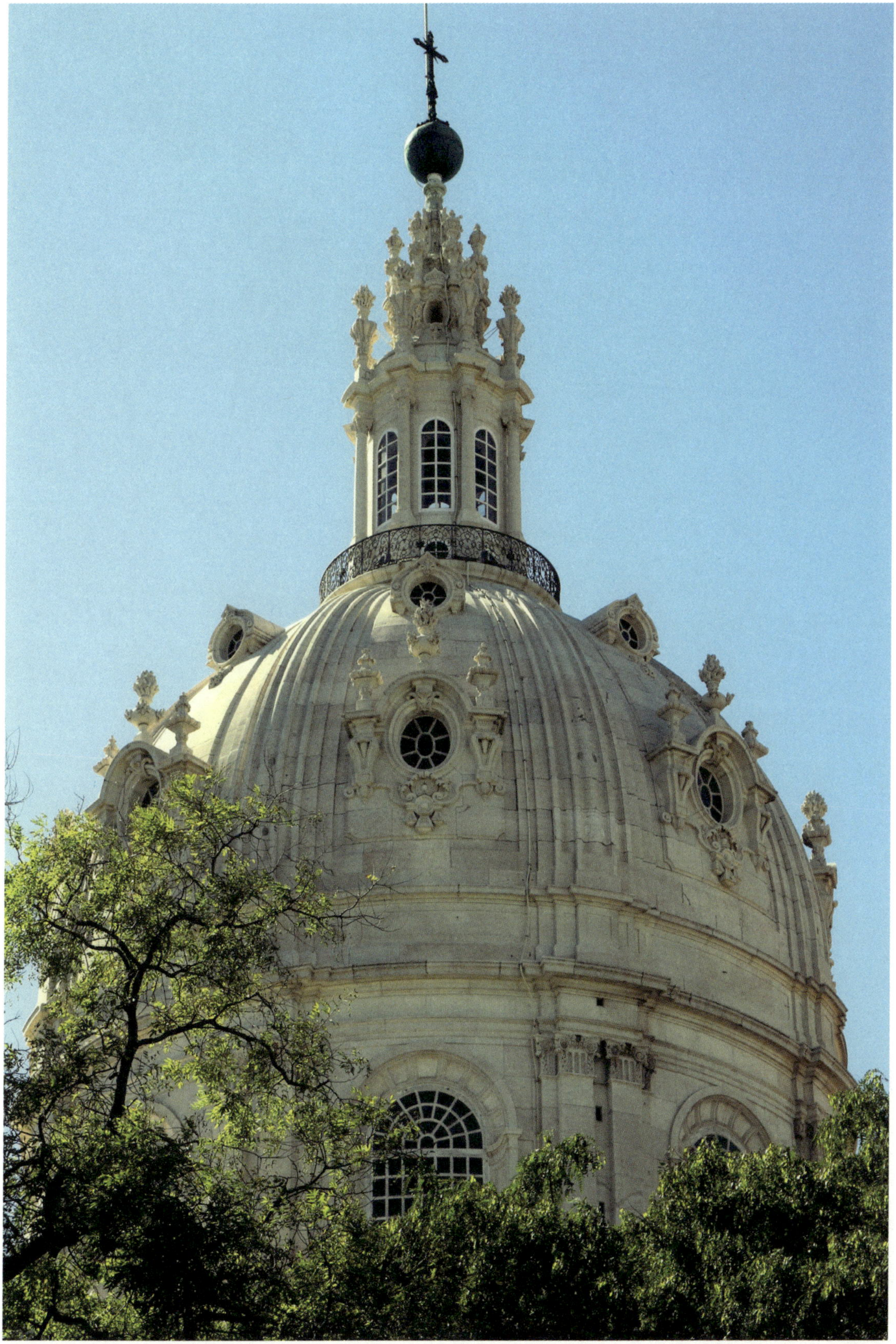

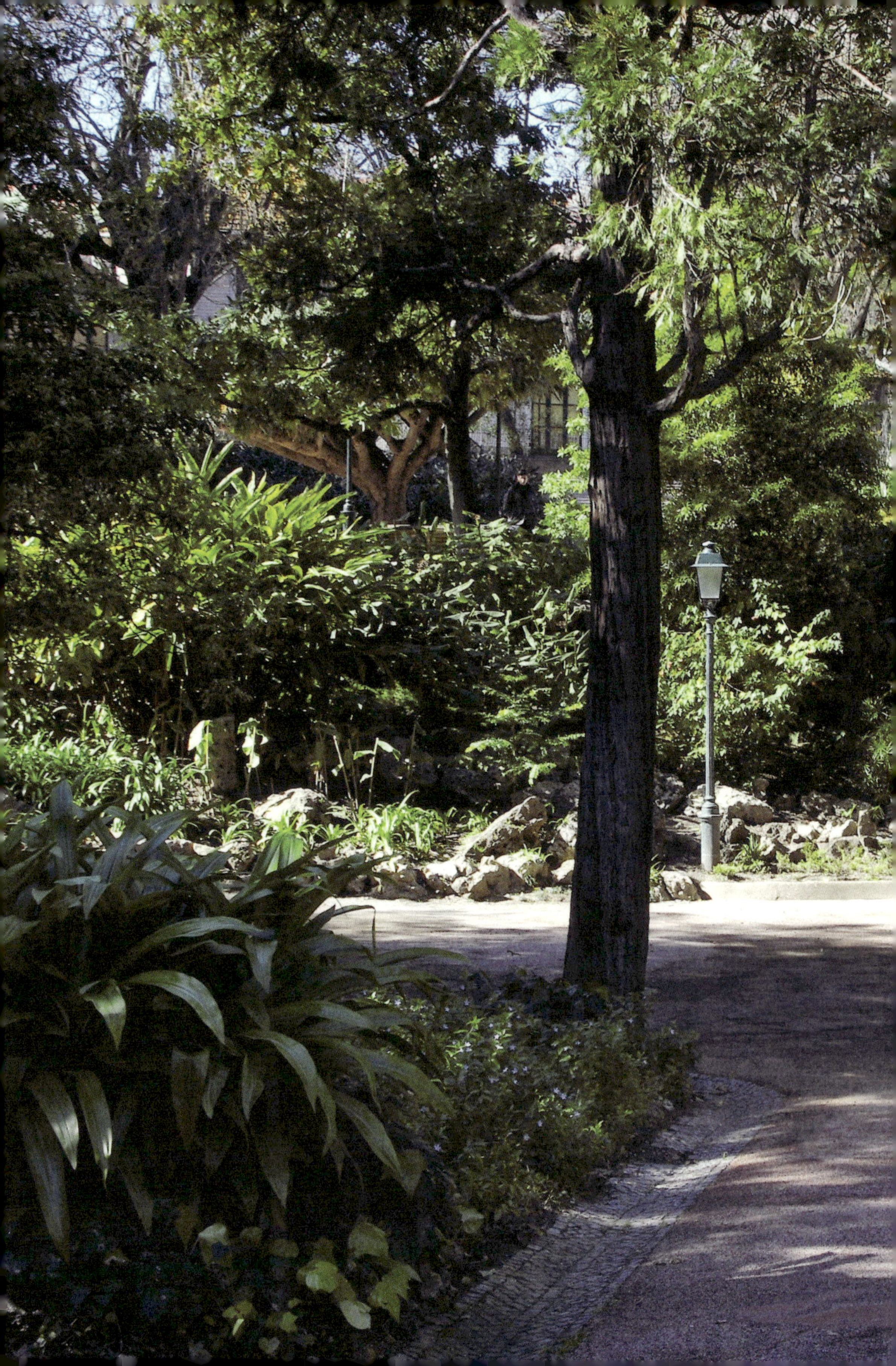

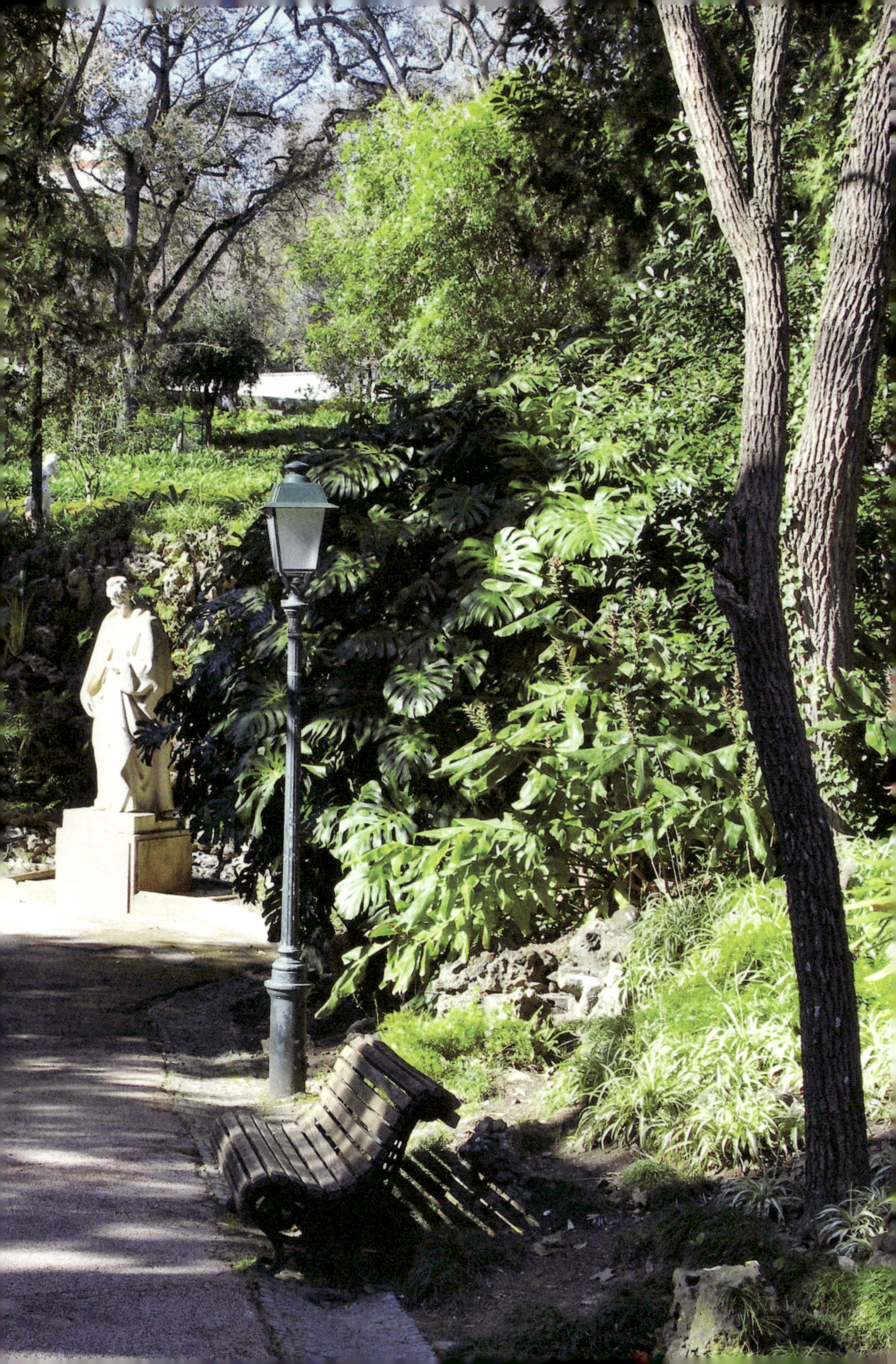

kirche der Lissabonner. Wer auf sich hält, lässt sich hier trauen und seine Kinder taufen. Und wer im Leben bedeutend war, wird zumeist hier auf seine letzte Reise verabschiedet.

Gleich gegenüber liegt ein Lissabonner Juwel: Der *Jardím da Estrela* ist wohl der hübscheste Park in der Stadt. Mit zwei kleinen Teichen, Café und *Quiosque*, Kinderspielplatz, üppigen Pflanzen, Bänken und Rasenflächen lockt er die Besucher, die dieser Verlockung auch gerne nachgeben. Hier ist immer etwas los, aber gleichzeitig ist die Atmosphäre vollkommen entspannt, Hektik kommt nicht auf. Wer durch den Hinterausgang geht und die Straße überquert, kommt zum englischen Friedhof Lissabons, auf dem u. a. der Schriftsteller Henry Fielding begraben ist, einer der Erfinder des modernen Romans.

Die letzte Etappe beginnt mit einem vergleichsweise gemächlichen Anstieg und endet in *Campo de Ourique* mit einem entspannten Ausrollen. An der Endhaltestelle befinden wir uns am Eingang zum *Cemitério dos Prazeres (Friedhof der Freuden)*. Wenn Sie schon einmal hier sind, sollten Sie sich auch an ihm erfreuen und einige der rund 80 Alleen entlangschlendern, die von hunderten oberirdischen Familiengrüften gesäumt sind. Der Name ist übrigens kein Beispiel für eine spezielle Lissabonner Spielart des schwarzen Humors: Der Friedhof wurde ab 1833 auf dem Gelände eines Ausflugsparks errichtet, als eine Cholera-Epidemie tausende Tote in der Stadt forderte und die bis dahin genutzten Friedhöfe schlichtweg keinen Platz mehr boten.

Die Bauten der Familiengrüfte lassen die Anlage wie eine Miniaturstadt aussehen, allerdings ohne Cafés oder Geschäfte; die »Bewohner« haben dafür nun einmal kein besonderes Bedürfnis mehr. Die einzelnen Gebäude stellen dabei ein buntes Potpourri an Stilen dar. So meinte wohl die Familie eines hohen Offiziers, ihn am besten mit einem Bau in Form einer Burg verewigen zu können. Auch das Grabmal der Familie von Pedro de Sousa Holstein, der in der ersten Hälfte des 19. Jahrhunderts mehrfach als Premierminister und Außenminister diente, bemüht sich nicht um lusitanische

Grabmale im *Cemitério dos Prazeres*

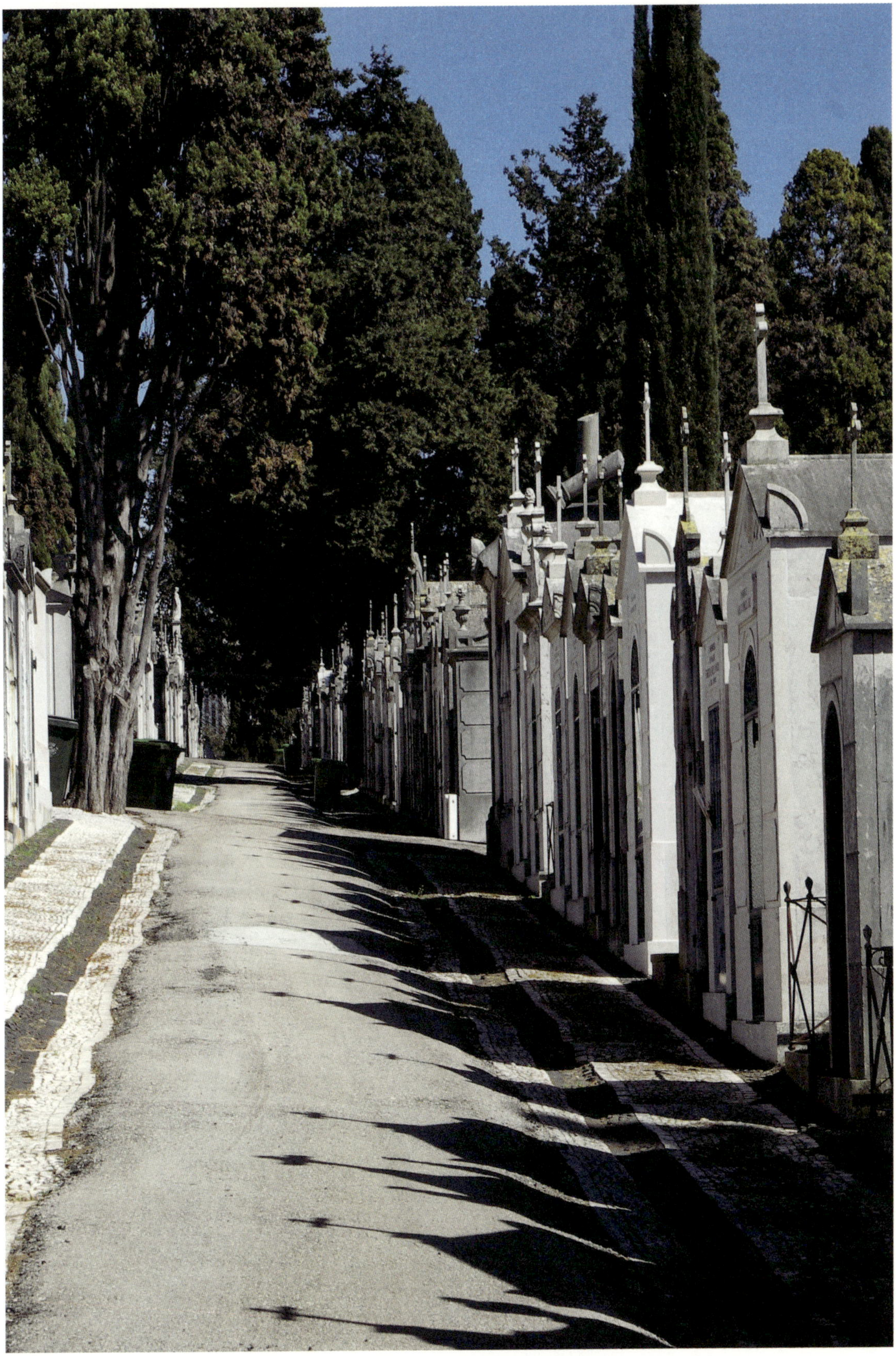

Identität, sondern soll den Tempel Salomos symbolisieren. Es gilt als größtes Familiengrab Europas, angeblich sind hier 200 Personen bestattet.

Ob der vielen alten Familiengrüfte wirkt der Friedhof als sei er nicht mehr in Betrieb. Das stimmt allerdings nicht, nach wie vor finden hier Beisetzungen statt. Da er in einer der wohlhabenderen Gegenden Lissabons liegt, finden sich bei näherer Suche die Grabmäler vieler prominenter Künstler oder Politiker. Der Schriftsteller Eça de Queiroz und der Maler Columbano Bordalo Pinheiro sind hier ebenso bestattet wie der großartige *Fado*-Gitarrist Carlos Paredes. Vor der Überführung seiner sterblichen Überreste ins *Mosteiro dos Jerónimos* hatte Fernando Pessoa hier sein Grab, genau wie die *Fado*-Legende Amália Rodrigues, die heute im *Panteão Nacional* ruht.

Viele der Familiengrüfte sind in schlechtem Zustand, bei einigen kann man durch offenstehende Türen oder Fenster blicken und die freistehenden Särge bewundern. Gegen das Gruseln hilft rasches Weitergehen zum westlichen Rand des Friedhofs; von dort bietet sich ein wunderbarer Blick hinunter in das *Alcantâra*-Tal, auf den *Tejo* und die *Brücke des 25. April*.

Wir sind an der Endstation angekommen, und Marco kann durchschnaufen und ein wenig plaudern. Was ihm an seinem Job gefällt, möchte ich wissen. »Besonders in den alten Bahnen haben wir engen Kontakt zu den Fahrgästen, das ist oft ganz lustig«, sagt er. Echte Lissabonner – ja, auch die gibt es in der 28E – fragen nach dem Befinden, witzeln über die vielen Touristen, die im Bähnchen sind oder fluchen über Wetter, Regierung und sonstige Alltäglichkeiten. Was findet er an seinem Job nicht so schön? Die Antwort ist eindeutig: »Die Taschendiebe sind eine echte Plage.« Tatsächlich sind die Straßenbahnen ein Dorado für Taschendiebe: »Das geht so schnell, dass die Opfer praktisch nie etwas bemerken.« Besonders Touristen sind Ziel der Diebe: »An einer Haltestelle habe ich einmal gesehen, wie ein Dieb seinem Opfer die Geldbörse aus der Tasche zog, die Geldscheine herausnahm und sie ihm seelenruhig wieder in die Tasche steckte.« Eingreifen konnte er nicht, aber ab und zu gelingt es ihm und seinen Kollegen, einen Dieb dingfest zu machen.

Grundsätzlich ist Lissabon eine sichere Stadt aber, so Marco, besonders des Nachts könne der Job unangenehm werden. »Junge Männer, die über den Durst getrunken haben, finden es *cool*, unsereinen zu beschimpfen.« Auch Überfälle auf die Fahrer gibt es, wenn auch selten. Ihm selbst ist das auch schon passiert. »Grundsätzlich zahlen die meisten Gäste mit einer aufladbaren Karte, aber vor allem Touristen zahlen oft in bar.« Am Ende einer Schicht kommen dann durchaus 150 bis 200 Euro zusammen – kein großer Betrag, aber genug für einige Leute.

»Das sollte aber niemanden abhalten, mit uns zu fahren«, sagt Marco. Auch die Fahrer bleiben bei der Stange: »Wir haben nur sehr wenige Kündigungen, fast alle bleiben bis zur Rente.« Das hat er auch vor. Und wenn er dereinst auf gute 35 Jahre zurückschauen kann, in denen er durch die Straßen Lissabons gefahren ist, dann ist das sicher nicht das Schlechteste.

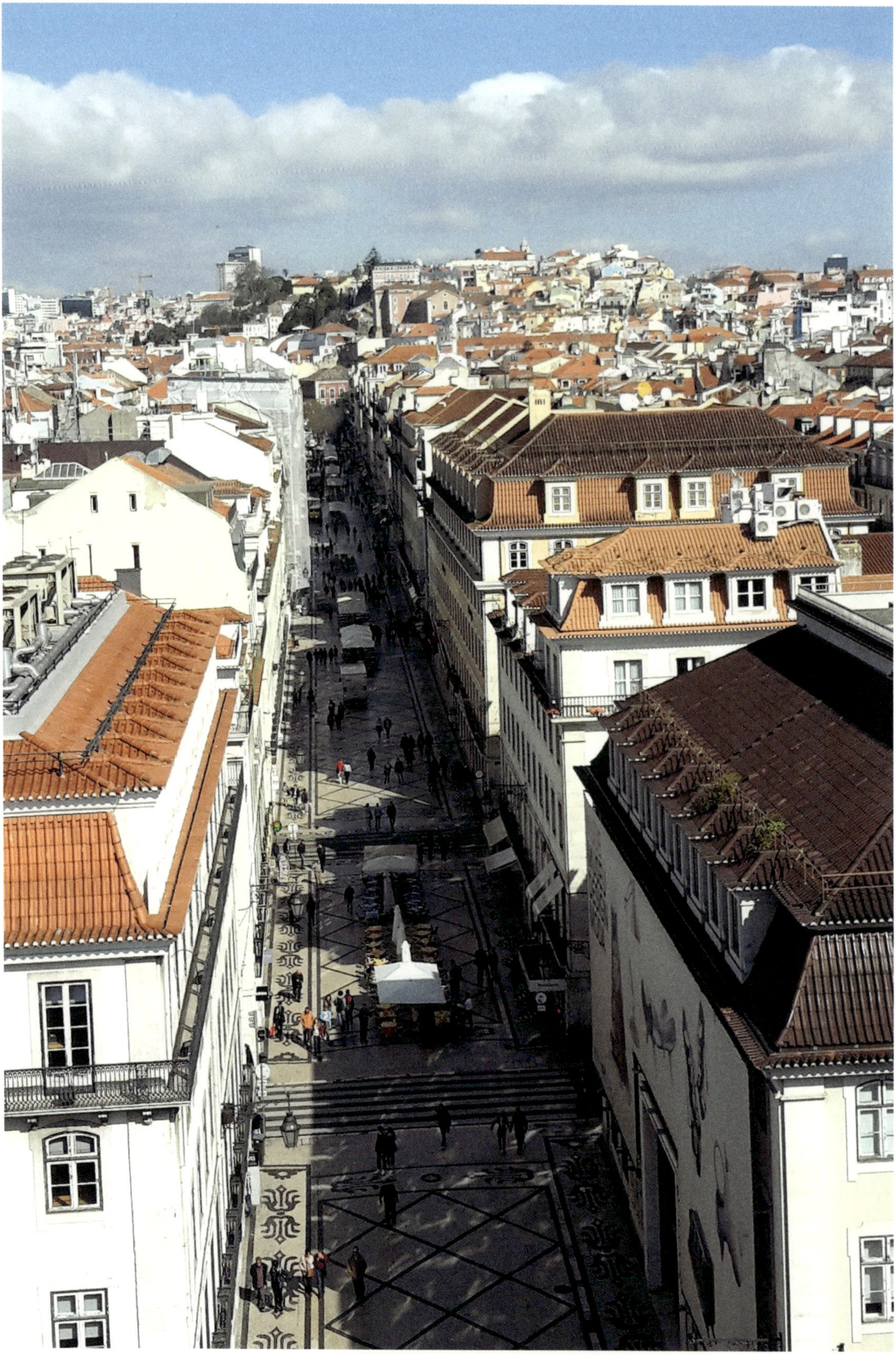

MIGUEL SARAIVA UND DIE GEPLANTE STADT: ARCHITEKTUR

Es ist März, der Himmel ist strahlend blau, und wir stehen wieder einmal auf der *Praça do Comércio*, dem Prachtplatz Lissabons. Nach gebührlichem Staunen über das Gebäudeensemble steigen wir auf den Triumphbogen an der Nordseite des Platzes. Angeblich ist er der höchste in Europa. Von dort haben wir einen wunderbaren Blick über die *Baixa*, die Unterstadt mit ihren schnurgeraden Straßen, die nach dem Erdbeben von 1755 nach einheitlichem Muster komplett neu aufgebaut wurde.

Hier zeigt sich, was Lissabon von so vielen anderen europäischen Metropolen unterscheidet: Die Stadt ist nicht gewuchert, sondern in weiten Teilen eine systematisch geplante und entwickelte Stadt. Wo dies nicht der Fall ist, wie etwa in der mittelalterlichen *Alfama*, die vom Erdbeben weitgehend verschont blieb, zeigt sich dieser Unterschied sehr deutlich.

Die Architektur Lissabons zeichnet sich besonders durch ihre menschlichen Dimensionen aus: Die Häuser sind nicht allzu groß oder wuchtig. Durch die *Calçada Portuguesa*, die Pflasterung aus Kalkstein und Basalt, die überall auf Bürgersteigen und Plätzen zu finden ist, gewinnt das Ambiente eine fröhliche Leichtigkeit.

Diese Architektur verdankt sich vor allem der Katastrophe von 1755: Nur wenige Gebäude aus der Zeit davor sind erhalten geblieben. Diese sind aber architektonische Ikonen der Stadt: die romanische Kathedrale *Sé Patriarcal* und das ebenfalls romanische Kloster *São Vicente de Fora*, das manuelinische *Mosteiro dos Jerónimos* und der

Nur in der *Baixa* sind die Straßen wirklich gerade
Nächste Doppelseite: *Calçada Portuguesa* am *Miradouro de S. Pedro de Alcântara*

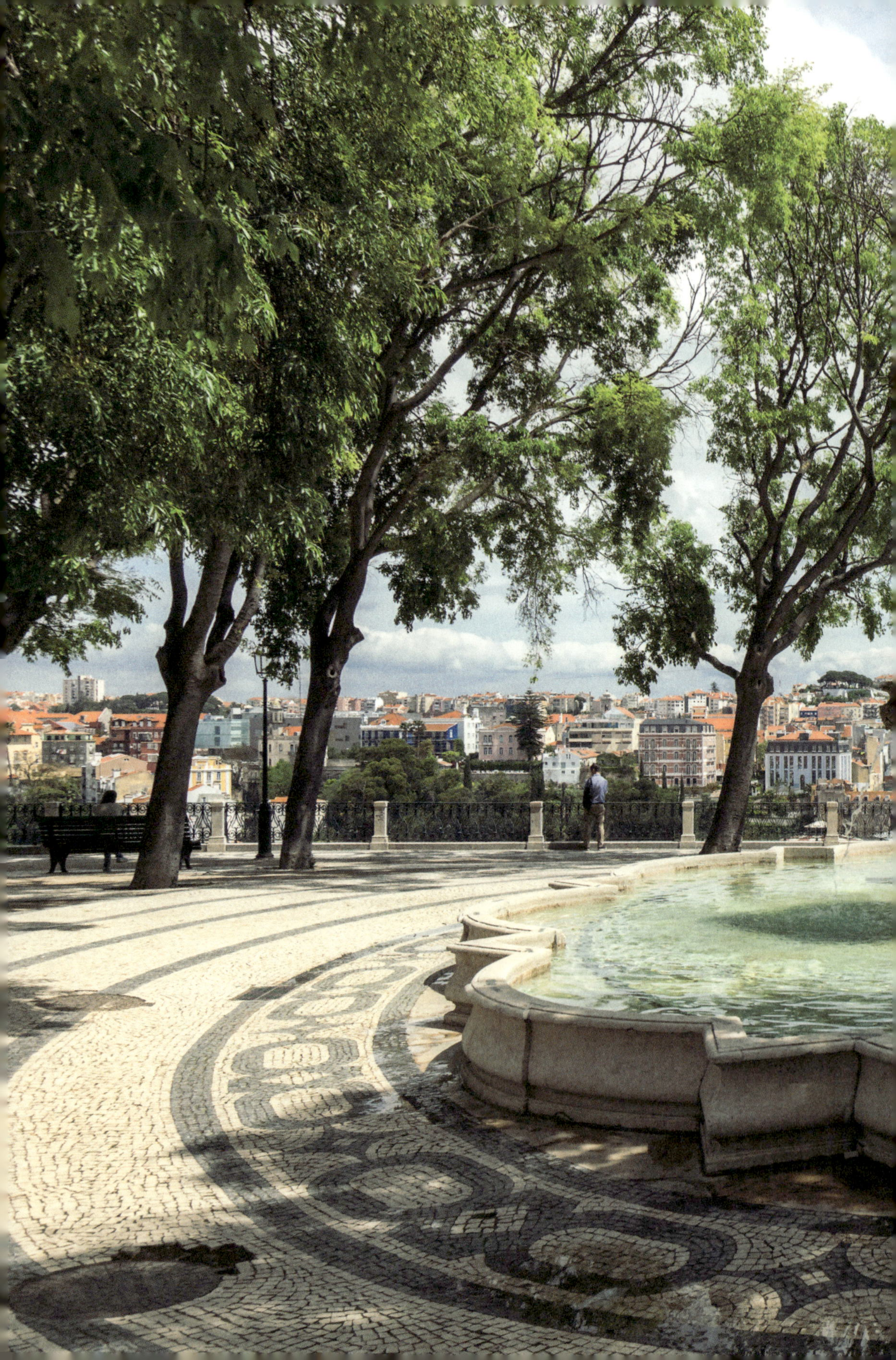

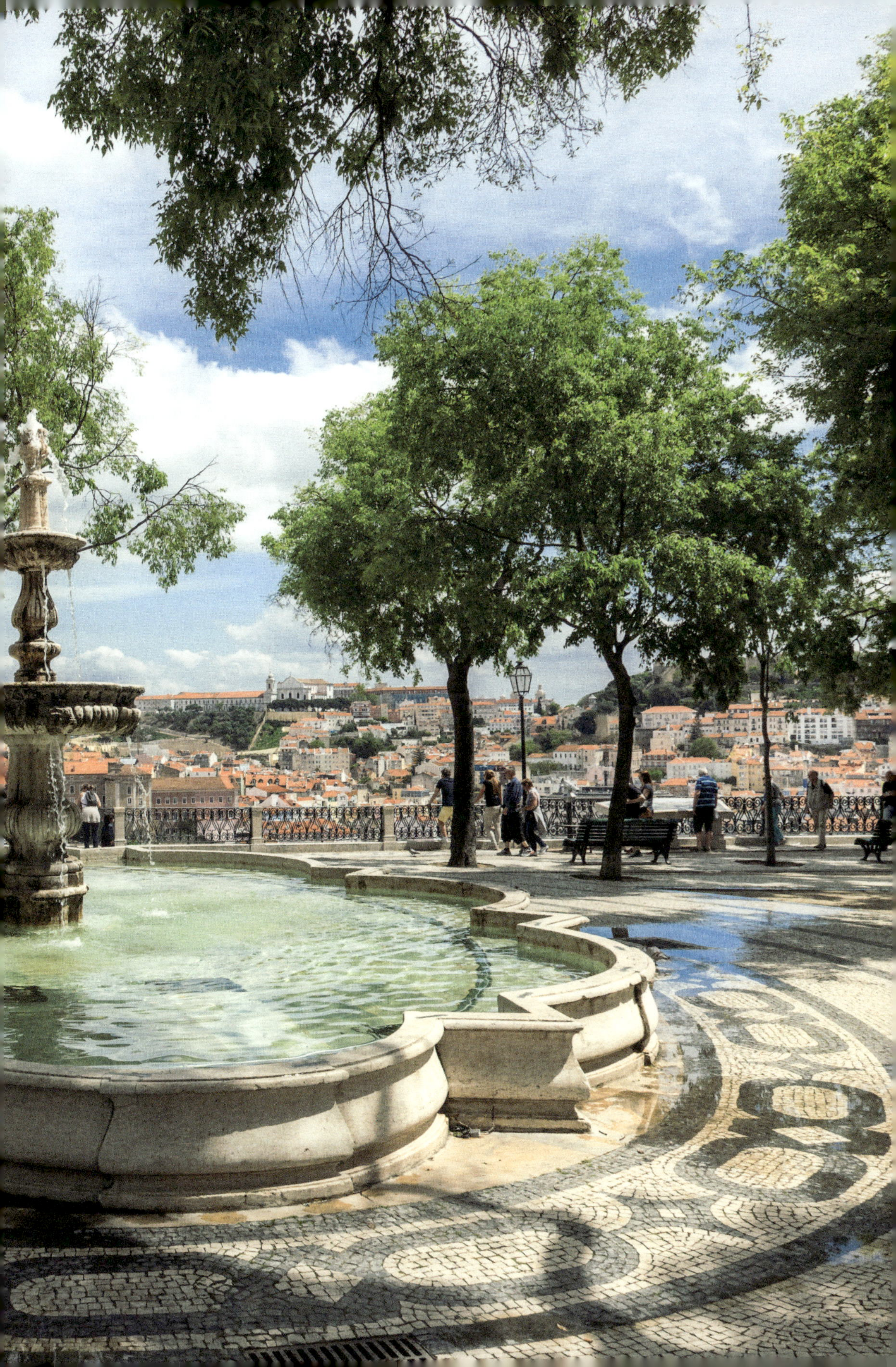

Torre de Belém. Das imposante *Castelo São Jorge*, das über der Stadt thront, ist übrigens eine Rekonstruktion der vom Erdbeben zerstörten mittelalterlichen Burg, die das Salazar-Regime ab 1938 erbauen ließ.

Diese Bauten sind beeindruckend, aber das Typische an der Lissabonner Architektur ist der einheitliche Stil, mit dem ab 1755 der Marquês de Pombal den Wiederaufbau der Stadt betrieb. Von der *Baixa* bis in die im Laufe des 19. Jahrhunderts entstandenen Viertel nördlich und westlich der eigentlichen Innenstadt ist dieser Stil erkennbar, mit ursprünglich schmucklosen Fassaden, die im Laufe der Zeit durch bunte Anstriche und *Azulejos,* die schönen Kacheln, individualisiert wurden, und mit einheitlichen Traufhöhen, die sogar für die vielen kleinen Kirchen galten, die sich deshalb zumeist unauffällig zwischen Wohn- und Geschäftshäusern einfügen. Nördlich der Unterstadt, am *Rossio*-Bahnhof, an der Prachtstraße *Avenida Liberdade* und in den Vierteln, die im späten 19. und im 20. Jahrhundert angelegt wurden, zeigen sich verstärkt zeitgenössische europäische Einflüsse mit prächtigem Stuck, Jugendstil oder Bauhaus-Elementen.

Das Design der Pombalinischen Stadt spiegelt die aufgeklärte Weltsicht des 18. Jahrhunderts wider – selbst die Bebauung der *Praça do Comércio* ist nicht pompös, prächtig genug ist sie auch ohne überbordende Ornamentik. Als reaktionäre (aber bezaubernd schöne) Antwort auf die strengen Bauregeln des für den Wiederaufbau zuständigen Marquês de Pombal wurde, nach dessen Ablösung, Ende des 18. Jahrhunderts die barocke *Basílica da Estrela* erbaut – ein stilistischer Rückgriff auf das 17. Jahrhundert, der auch bei der *Igreja de Santa Engrácia*, dem heutigen *Panteão Nacional,* zu sehen ist. Dort wurde aber bereits im 17. Jahrhundert mit dem Bau begonnen, fertiggestellt wurde die Kirche allerdings erst 1966.

»Für Architekten ist Lissabon eine Fundgrube, weil man sich im Grunde wie in einem architektonischen Freilichtmuseum bewegt«, stellt Miguel Saraiva fest, einer der erfolgreichsten Architekten Portugals. Ich habe mich mit ihm getroffen, um besser zu verstehen, was es mit dem Aussehen der Stadt auf sich hat. Seine Firma *Saraiva* +

Miguel Saraiva

Associados hat derzeit rund 150 Mitarbeiter, davon arbeitet die Hälfte in Lissabon. Seine Projekte sind auf der ganzen Welt zu besichtigen: Von Brasilien über Algerien und Kamerun bis nach Kasachstan und China und natürlich in Portugal hat die Firma die Designs für Bürogebäude und Fußballstadien, Flughäfen und Hafenanlagen, Restaurants und Hotels, Krankenhäuser, Freizeitparks und Schulen geliefert.

Ob er schon immer Architekt werden wollte, möchte ich wissen. »Nicht unbedingt«, sagt Miguel und lacht: »Nach dem Abitur hatte ich keine Ahnung, was ich eigentlich machen wollte und reiste erst einmal für ein paar Monate nach Hongkong und Macau. Als ich zurückkam, hatte ich meinen Studienplatz – meine Mutter hatte mich eingeschrieben. Eine kluge Frau.«

Was Lissabon in seinen Augen besonders auszeichnet, frage ich. »Eines der wichtigsten Merkmale von Lissabon ist ganz sicher, dass die Sonne überall auf die Straße scheint und nicht von hohen Gebäuden verschluckt wird«, sagt er. Die Stadt sei durch ihre Beschaffenheit sehr beschränkt, dabei aber nie monoton, mit sehr vielen Perspektiven: »Diese verschiedenen Vistas und die Farben der Gebäude machen Lissabon abwechslungsreich und lebenswert. Außerdem wird Lissabon nicht von ostentativen Riesengebäuden beherrscht, im Zentrum der Stadt gibt es keine echten Hochhäuser.«

Moderne Architektur ist in Lissabon natürlich zuhauf vertreten, allerdings muss man die Touristen-Hotspots im Zentrum der Stadt verlassen, um sie zu finden. Ein gutes Beispiel für die bauliche Entwicklung Lissabons im 20. Jahrhundert ist die *Avenida Infante Santo*, die von der *Basílica da Estrela* hinab zur *Avenida 24 Julio* führt. Im oberen Bereich, der in den 1940er-Jahren entstand, findet sich eine an die traditionelle Lissabonner Bauweise angelehnte Architektur, mit moderater Traufhöhe und viel Platz für Geschäfte, Cafés und Bars. Der mittlere Teil, ab 1952 erbaut, zeigt eine spezifisch portugiesische Spielart der Moderne, die sich an Vorbildern wie dem Bauhaus orientiert und hoch funktional ausgerichtet ist. Dort hat Miguel auch sein Architekturbüro eingerichtet: »Das Gebäude funktioniert auch heute noch prächtig, und außerdem konnte ich der Verlockung nicht widerstehen, in einem Stück Architekturgeschichte zu arbeiten«, sagt er. Der untere Teil der *Avenida Infante Santo* entstand dann vor allem in den 1980er-Jahren: Eine Idee für Städteplanung gab es nicht, das Ergebnis ist ein architektonisches Tohuwabohu, dessen Konstrukteure nur wenige Gedanken daran verschwendeten, wie die Bauten sich in ihr Umfeld einfügen.

»Die Planungsprozesse haben sich seither glücklicherweise sehr verändert«, erläutert Miguel. Sie seien einerseits komplizierter geworden, andererseits gebe es restriktive Vorgaben, die den Erhalt alter Bausubstanz fordern und bei Neubauten darauf abzielen, dass sie sich in die Umgebung einfügen. »Nicht alles muss erhalten werden, nur weil es erhalten werden kann. Aber es ist völlig legitim, dass von uns als Architekten gefordert wird, dass wir bei unseren Planungen nicht arrogant unser Ding durchziehen, sondern dass wir uns intensiv damit beschäftigen, wie unsere Planungen die Umgebung beeinflussen und die Menschen, die dort leben und arbeiten.«

Seit dieser Zeit ist überall in Lissabon ambitioniert gebaut worden, so etwa im Nordosten der Stadt, wo um das Gelände der EXPO 98 das Stadtviertel *Parque das Nações* mit futuristischen Bauten entstanden ist; herausragend ist dort der Bahnhof *Estação Oriente* mit seiner kühnen Dachkonstruktion, die an Palmwedel erinnert. Das Hauptquartier des Energieversorgers EDP oder das 2016 eröffnete *Museu de Arte, Arquitetura e Tecnologia* (MAAT) sind weitere herausragende Beispiele modernen Bauens.

Bedauerliche Scheußlichkeiten gibt es natürlich auch in Lissabon, allen voran die beiden größten Einkaufszentren der Stadt: Das *Colombo* in *Benfica* bietet außer Shopping und Fastfood auch architektonische Langeweile in Reinform; der *Torre das Amoreiras* zählt mit seiner Mischung aus Brutalismus und Postmoderne zu den hässlichsten Gebäuden der iberischen Halbinsel. Unglücklicherweise liegt das Riesengebäude auf einem Hügel und beherrscht deshalb von fast allen Aussichtspunkten das Panorama der Stadt. Immerhin: Die Dachterrasse bietet einen fantastischen Rundumblick über die Stadt, ohne dass das Monstrum die Aussicht stört. Und es ist von dort nicht weit zum vielleicht beeindruckendsten Bauwerk Lissabons, dem Aquädukt *Águas Livres* aus dem 18. Jahrhundert mit seinen riesigen Bögen, die sogar das große Erdbeben überdauerten.

Wie wird es weitergehen mit der architektonischen Entwicklung Lissabons? Als verhängnisvolle Folge einer vom Salazar-Regime eingeführten Mietpreisbindung sind große Teile der alten Bausubstanz verfallen, erst seit wenigen Jahren wird renoviert – vor allem in der *Baixa* sehen viele Häuser aber immer noch grauenvoll aus, weil hier darauf spekuliert wird, dass der bereits jetzt schon überhitzte Immobilienmarkt noch höhere Profite für die Vermarktung der alten Gemäuer liefern wird. Miguel zuckt mit den Achseln: »Wenn jemand denkt, dass in der *Baixa*, die ja für die Lissabonner Identität entscheidend ist, billige Ersatzbauten hochgezogen werden können, dann täuscht er sich.« Und fügt augenzwinkernd hinzu: »Eine der größten Schwächen Portugals wird hier durchaus zum glücklichen Umstand. Grundsätzlich ist hier nämlich zu wenig Kapital vorhanden, um größere Bautätigkeiten zu finanzieren. Wenn man deshalb die Bauentwicklung in Lissabon vergleicht mit dem Wildwuchs, der etwa in London zu beobachten ist, hat der Kapitalmangel nicht nur negative Auswirkungen – man ist hier einfach realistischer.«

ARCHITEKTUR

Lissabon bietet viele architektonische Highlights, die es anzuschauen lohnt.

Mittelalter
Castelo São Jorge
Catédral Sé Patriarcal

Vor dem Erdbeben
Mosteiro dos Jerónimos
Torre de Belém
Aqueduto das Águas Livres

Nach dem Erdbeben
Praça do Comércio
Baixa Pombalina

20./21. Jahrhundert
Avenida Infante Santo
Gulbenkian Institut & Museum
Estação Oriente
EDP-Hauptquartier
MAAT

WOHNUNGSKNAPPHEIT

Lissabon ist schön, das Wetter ist gut, die Wirtschaft kommt auch wieder in Tritt: Immer mehr Menschen wollen, wenigstens zeitweise, hier leben. Das freut diejenigen, die Immobilien zu verkaufen und zu vermieten haben, und die Preise sind in den vergangenen Jahren explodiert. Für Durchschnittsverdiener ist der Kauf einer Wohnung inzwischen unerschwinglich, und auch die Mieten sind für einen großen Teil der *Lisboetas* nicht bezahlbar. Gleichzeitig stehen in Lissabon enorm viele Wohnungen leer, wie man bei einem Spaziergang in der Altstadt leicht feststellen kann. Alte Gebäude wurden über Jahrzehnte hinweg vernachlässigt, viele sind unbewohnbar.

Einen großen Anteil am Verfall der alten Häuser hat ein Gesetz zur Mietpreisbindung in Lissabon. Zwischen 1947 und 1987 waren Mieterhöhungen verboten, danach durften Mieten nur im Rahmen der Inflationsrate erhöht werden. Was die Mieter schützen sollte, führte dazu, dass notwendige Renovierungen nicht vorgenommen wurden, weil sie wirtschaftlich sinnlos waren: Ende der 1980er-Jahre kostete die Miete für eine 4-Zimmer-Altbauwohnung in Lissabon in der Regel teilweise weniger als 10 Euro pro Monat. Sobald eine Wohnung frei wurde, ließen die Besitzer Türen zumauern, Fenster zerschlagen, Dächer beschädigen, um das Haus unbewohnbar zu machen, in der Hoffnung, irgendwann eine Abrissgenehmigung zu bekommen. Erst seit 2006 dürfen Altbauten zu Marktpreisen verkauft werden.

Das funktioniert allerdings erst seit wenigen Jahren, und überall wird inzwischen gebaut. Dabei bleibt oft nur die Fassade der Häuser erhalten, dahinter wird ein komplett neues Gebäude errichtet. Diese Art der Konstruktion ist sehr teuer – mit dem Ergebnis, dass José Normalverdiener hier nicht einziehen kann.

RICARDO CORTIÇO UND DIE STADT DER SCHÖNEN KACHELN

Wir haben von den strengen Vorgaben gehört, mit denen der Marquês de Pombal Lissabon nach dem großen Erdbeben wieder aufbauen ließ. Einige Zeit galt ein Verbot, an den Fassaden der Häuser Verzierungen anzubringen, die auf den Reichtum des Besitzers schließen ließen.

Die Regel hielt sich nicht allzu lange: Die schon damals findigen *Lisboetas* brauchten gar keine Statuen an den Häuserwänden anzubringen, sie hatten ja ihre Kacheln, die *Azulejos*. Damit konnte man Fassaden schnell und kostengünstig dekorieren, inklusive kleinerer Bildchen. Welche Autoritätsperson konnte schon einen Einwand gegen ein gekacheltes Heiligenbild erheben, zumal es doch auch als geistlicher Beistand gegen Katastrophen durchgehen konnte? Aus einzelnen Kachelbildchen wurden bald großflächige Kachelfassaden, mit denen sich die Häuser trefflich von ihren Nachbarn unterschieden. Und so wurde Lissabon zur Stadt der schönen Kacheln.

Ganz egal, wohin man in Lissabon kommt – die *Azulejos* sind überall, als Fassaden oder Straßenschilder, als Innendekoration von Kirchen und Restaurants, Metrostationen oder Bahnhöfen. Junge Künstler setzen sie als Teil von *Street Art*-Projekten ein, und manchmal scheint es, als könne die portugiesische Werbung ohne *Azulejos* und ihre Muster gar nicht existieren. Wenn heute neue Wohnungen ausgestattet werden, gehören *Azulejos* fast immer zur Grundausstattung, jedenfalls im Badezimmer und oft auch im Eingangsbereich – dass komplette Wohnungen durchgekachelt werden, ist allerdings eine seltene Ausnahme.

Kachelkenner Ricardo Cortiço

Das Angebot an Kacheln ist in Portugal inzwischen genauso von Massenprodukten geprägt wie in Deutschland. Einige wenige Anbieter produzieren hochwertige *Azulejos* im traditionellen Blau-Weiß und gehen selbstverständlich auch auf umfängliche Sonderwünsche ein – das ist dann auch reichlich teuer. Wer »echte« *Azulejos* finden will, um auch größere Projekte zu einem erschwinglichen Preis zu realisieren, steht oft vor einem Problem. Es sei denn, er hat die Adresse von *Cortiço e Netos* ergattert.

Wie immer, wenn man in der *Alfama* oder *Mouraria* unterwegs ist, ist Kraxelei gefragt. Das ist in der *Calçada de Santo André* nicht anders, aber die Mühe lohnt sich, denn der kleine Laden von *Cortiço e Netos* bietet eine große Auswahl an historischen, industriell gefertigten *Azulejos*. Ricardo Cortiço begrüßt mich, einer der vier *Netos* (Enkel), die im Firmennamen auftauchen. »Unser Großvater Joaquim hat die Firma 1979 gegründet, und er bemerkte recht schnell, dass es eine gute Idee ist, *Azulejos* anzubieten, die bei der Konkurrenz nicht verfügbar sind«, erzählt er. Also spezialisierte er sich darauf, Restbestände von *Azulejo*-Fabriken zu kaufen, die den Betrieb einstellten.

Bei *Cortiço e Netos*

»Unser Großvater hat das ursprünglich als reine Geschäftsidee betrachtet, aber er fing bald damit an, besondere Designs zu sammeln«, sagt Ricardo. Aus der anfänglich noch unstrukturierten Leidenschaft entstand im Laufe von gut 30 Jahren die bedeutendste Sammlung von industriell hergestellten *Azulejos*. Heute besteht sie aus rund 900 verschiedenen Kacheltypen, ein eindrucksvolles Dokument kunsthandwerklichen Schaffens in Portugal, das auch ein Stück der Designgeschichte erzählt, von den 1960er-Jahren bis heute. Nicht von ungefähr gehört *Cortiço e Netos* der *Associação para a Interpretação do Azulejo Industrial* an: Dieser Verband arbeitet daran, ein Register für industrielle *Azulejos* zu erstellen und, gemeinsam mit Hochschulen, die Geschichte der Kachelherstellung in Portugal zu dokumentieren.

»Industrielle *Azulejos* sind zwar einerseits Massenware, andererseits sind sie aber auch sehr individuell«, erklärt Ricardo: »Auch im industriellen Prozess sind die Kacheln nicht identisch, jede einzelne weicht ein klein wenig ab. Da spielen geringste Unterschiede bei den Brenntemperaturen eine wichtige Rolle, aber auch die Wetterbedingungen.« Bis 2009 befanden sich der Laden und die Sammlung im Stadtteil *Benfica*, dann ließ die Bezirksverwaltung das Gebäude abreißen, ohne den Cortiços Zeit zu lassen, es komplett zu räumen. Dabei gingen hunderte Paletten mit wertvollen Kacheln verloren.

Als Großvater Joaquim 2013 starb, waren die vier Enkel schon eifrig im Familienbetrieb dabei, kümmerten sich um den Laden und das große Lager. Dort hat sich in den vergangenen Jahren aufgrund der Wirtschaftskrise im Land einiges getan: Eine ganze Reihe von Herstellern musste aufgeben, und *Cortiço e Netos* konnte das Lager stark ausweiten. Das ist zwar gut für das eigene Geschäft, denn wenn Innenarchitekten und andere größere Abnehmer nach hochwertigen Ausstattungen suchen, spielt die verfügbare Menge an Kacheln eine Rolle, damit auch umfangreichere Projekte umgesetzt werden können. Aber Ricardo sieht das eher als traurige Entwicklung an: »Heute gibt es nur noch drei oder vier Hersteller von industriellen *Azulejos* in Portugal. Das bedeutet auch, dass die Design-Entwicklung schwächer wird.«

Bis heute steht bei *Cortiço e Netos* das Geschäft mit Innenarchitekten im Mittelpunkt, und der aktuelle Bauboom in Lissabon wirkt sich hier sicherlich nicht nachteilig aus. Seitdem der Laden 2013 seine jetzige Heimat in der *Mouraria* gefunden hat, ist aber ein lukratives Nebengeschäft dazu gekommen: »Wir haben viel Laufkundschaft, die durch Zufall auf uns stößt«, erzählt Ricardo: »Es ist immer wieder lustig, wenn jemand in den Laden kommt, sich umschaut und dann plötzlich ruft ›Das sind die Kacheln von Opa.‹ Meistens stimmt das sogar – wir sind ja als Portugiesen fast alle mit *Azulejos* aufgewachsen, da sind solche persönlichen Erinnerungen nicht ungewöhnlich.«

Die andere Sorte Laufkundschaft sind Touristen, die auf dem Weg vom oder zum *Castelo São Jorge* den Laden entdecken: »Die freuen sich, dass sie hier ganz andere *Azulejos* sehen als in den Andenkenläden«, erzählt Ricardo. Deshalb kann man seit einiger Zeit bei *Cortiço e Netos* auch einzelne Kacheln kaufen oder speziell zusammengestellte Viererpacks, die Designbeispiele aus verschiedenen Zeiten zeigen. »Darunter finden sich alte Muster, aber auch sehr moderne Designs.

Käufer gibt es für beide Arten.« Die Touristen interessieren sich aber nicht nur für Einzelkacheln: »Es ist gar nicht so selten, dass aus einem zufälligen Gespräch ein größerer Auftrag zur Ausstattung von Wohnungen im Ausland entsteht.«

Keiner der vier *Netos* ist Kaufmann: Zwei sind Designer, einer noch Student, Ricardo ist eigentlich Filmemacher, und es geht ihm wie vielen anderen jungen *Lisboetas*: Die Stadt fasziniert ihn immer wieder aufs Neue, bindet ihn. »Ich habe eine Weile in Paris gelebt und habe das auch sehr genossen.« Aber er kam mit den Dimensionen der Stadt nicht klar, fühlt sich im übersichtlichen Lissabon viel wohler. »Lissabon ist ›Heimat‹, mit allem was dazugehört. Mit dem Licht, mit den *Electricos* und sogar mit den Tuk-Tuks, die hier zum Kastell hochflitzen.« Außerdem genießt er es, die Veränderungen der Stadt zu erleben: »Ständig gibt es neue Projekte, sowohl kommerziell als auch künstlerisch. Es ist wirklich spannend, gerade jetzt hier in Lissabon zu sein.«

Warum aber ausgerechnet *Azulejos*? »Wir begeistern uns alle für Kunst und schön gestaltete Dinge, und es macht uns großen Spaß, Unternehmer zu sein und uns gleichzeitig an der Bewahrung eines Stücks Kultur zu beteiligen«, sagt Ricardo. Er findet auch, dass die Brüder mit ihrer Begeisterung für *Azulejos* richtig liegen: »Es kommen viele junge Leute hierher, die den Laden als eine Art Galerie betrachten. *Azulejos* sind Teil unserer Identität als Portugiesen, und mit den *Azulejos* ist eine ganz eigene Identifikation gegenüber dem europäischen Mainstream möglich.«

Schon 1981 hat Großvater Joaquim die Netos in den Firmennamen aufgenommen, und seine vier Enkel enttäuschen seine Erwartungen nicht: Die Sammlung wird weitergeführt und soll irgendwann, so der Plan, in einem eigenen Museum ausgestellt werden. Außerdem führen die Brüder Gespräche mit Kachelherstellern über die Neuauflage von außergewöhnlichen Designs – an Interesse der Kundschaft mangelt es nicht.

Die *Lisboetas* lieben ihre Kacheln, und die wenigen, die sich nichts aus ihnen machen, haben sich daran gewöhnt. Außerdem sind sie heiß begehrt bei Ausländern. Mit dieser wachsenden Wertschätzung

Restaurierungsarbeiten im *Museu Nacional do Azulejo*

Nächste Doppelseite: Showroom des *Azulejo*-Herstellers *Viúva Lamego*

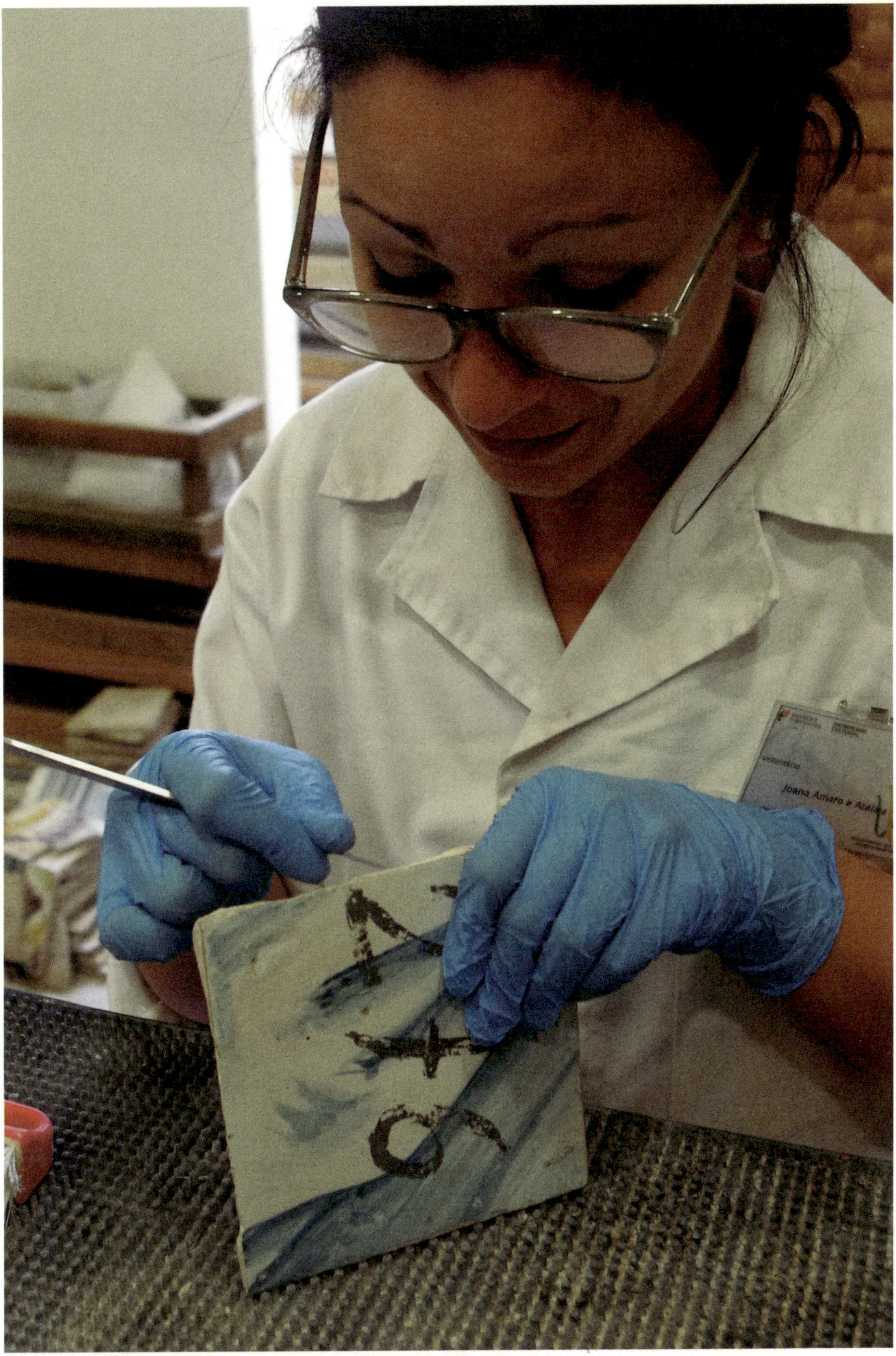

FABRICA DE LOIÇA DE ANTONIO DA COSTA LAMEGO

1865

26

FUNDADA
EM
1849

27

der *Azulejos* als Kunstobjekt wurde Diebstahl zum lohnenden Geschäft. Vor allem ältere Kacheln wurden systematisch gestohlen: In vielen leerstehenden Palais wurden die Innendekorationen vandalisiert, und in Lissabon wurden teils über Nacht ganze Fassaden ihres Schmucks beraubt. Seit einiger Zeit unterhält die portugiesische Polizei eine Sondereinheit, die dem Kacheldiebstahl nachgeht und sich darum bemüht, den Hehlern das Geschäft zu verderben. Besonders auf Flohmärkten werden aber immer noch alte Kacheln aus dubiosen Quellen angeboten, obwohl sie eigentlich alle einen Herkunftsnachweis haben müssen.

TIPPS

Cortiço e Netos. Größte Auswahl an modernen *Azulejo*-Designs. Calçada de Santo André 66, 1100-497 Lisboa, www.corticoenetos.com

Das **Museu Nacional do Azulejo** wurde 1960 eröffnet und zeigt die Geschichte der *Azulejo*-Kunst vom 16. bis zum Ende des 19. Jahrhunderts. Rua da Madre de Deus 4, 1900-312 Lisboa, www.museudoazulejo.gov.pt

Viúva Lamego. 1849 gegründete Kachelfabrik, spezialisiert auf klassische *Azulejos*. Showroom: Largo do Intendente 25, 1100-285 Lisboa, www.viuvalamego.com

Sant'Anna. Besteht seit 1741, spezialisiert auf klassische *Azulejos*. Showroom: Rua do Alecrim 95, 1200-015 Lisboa, www.santanna.com.pt

AZULEJOS

Wie so viele andere Dinge kamen auch die Azulejos (von arab. az-zulaiġ = polierter Stein) mit den Arabern auf die iberische Halbinsel – die hatten die Sache bei den Persern gelernt, die sich das Ganze selbst bei den Chinesen abgeschaut hatten. Es dauerte aber bis ins Jahr 1500, also weit nach dem Ende der arabischen Herrschaft über Portugal, ehe König Manuel I. sie bei einem Besuch in Sevilla entdeckte und zu Hause einführte. Seither sind sie nicht mehr wegzudenken aus Portugal, und jede Epoche hat ihren eigenen Geschmack auch in den *Azulejos* ausgedrückt.

Bis Mitte des 16. Jahrhunderts kamen die meisten Kacheln aus Spanien und den Niederlanden, erst danach begann eine nationale Produktion. Nach maurischem Vorbild wurden zumeist ganze Wände mit Kacheln versehen, und anders als in Spanien bemühte man sich in Portugal, mit großflächigen Bildkompositionen Geschichten zu erzählen – zunächst aus der Bibel, dann von Krieg und Jagd, nautische Motive kamen hinzu und im späten 19. Jahrhundert, als man Fotos dank Siebdruck großflächig übertragen konnte, auch Bilder aus dem Alltag, von der Landarbeit, Industrie oder Eisenbahn. Das wohlhabende Bürgertum ließ in seinen Palais auch gerne *figuras de convite* an die Wände kacheln – übergroße Grüßfiguren, die den Gast willkommen heißen sollten und den Status des Gastgebers betonten. Bereits ab dem frühen 18. Jahrhundert war die Nachfrage nach dem Wandschmuck so groß, dass die Kacheln in Massenproduktion hergestellt werden konnten. In der Folge wurden die elaborierten Wandbilder häufig ersetzt durch preisgünstige geometrische Arrangements, was dabei half, sie auch als Fassadendekoration populär zu machen.

Auch im 20. Jahrhundert behielten die *Azulejos* ihren Reiz für die unterschiedlichsten Stilrichtungen: Jugendstil und Art Deco brachten interessante Ergebnisse hervor. Einen entscheidenden Impuls bekam die moderne *Azulejo*-Kunst ab 1955 mit dem Bau der U-Bahn von Lissabon, bei dem von Anfang an bewusst auf die Kacheln gesetzt wurde. Die ersten elf Stationen wurden von der Malerin Maria Keil gestaltet, später bekamen auch Künstler wie Júlio Pomar, Eduardo Nery, Helena Maria Vieira da Silva oder Paula Rego entsprechende Aufträge. Bei der Gestaltung der Station *Oriente*, die aus Anlass der EXPO 98 gebaut wurde, kamen auch internationale Künstler wie etwa Friedensreich Hundertwasser zum Zuge.

Heute sind nur noch wenige industrielle Kachelhersteller in Portugal aktiv, einige Kleinstfirmen stellen auf Anfrage Spezialanfertigungen her. Dabei sind Aufträge von Künstlern wichtig, aber auch von informierten Kunden aus dem Ausland. So gehen beim Traditionshersteller *Sant'Anna* 85 Prozent der Produktion in den Export.

SPRÜHENDES GLÜCK:
STREET ART IN LISSABON

Wir sind jetzt schon zweimal in der *Baixa* gestartet, um uns Lissabon näher anzuschauen. Ein drittes Mal schadet auch nicht, allerdings gehen wir diesmal nicht durch den Triumphbogen und die Touristenmeile *Rua Augusta* hinauf zur *Praça de Figueira* und der *Praça Dom Pedro IV*, die allenthalben aber nur *Rossio* genannt wird, den beiden großen Plätzen, die das Ende der Unterstadt markieren. Wir halten uns weiter westlich, kommen am Rathaus vorbei und kommen nach ein paar Schritten in den Bereich der Unterstadt, der nicht mit öffentlichen Geldern am Bröckeln gehindert wird. Viele der alten Häuser stehen ganz oder teilweise leer, warten darauf, dass jemand Geld in die Hand nimmt, um sie zum Leben zu erwecken.

Derweil ertragen sie es stoisch, dass ihre Fassaden als Untergrund für allfällige Graffiti dienen. Das haben wir auch schon in der *Alfama* gesehen, und wir haben gestaunt darüber, dass die meisten dieser Graffiti nicht irgendein Geschmiere sind, sondern sorgfältig komponierte Bilder. Und leider ist es ja so, dass es unzählige Häuser in schlechtem Zustand gibt, ob in der *Alfama*, im *Bairro Alto* oder eben hier in der *Baixa*. So etwas zieht in aller Welt die Sprayer an. Warum also nicht auch hier in Lissabon?

Wenn wir uns weiter durch die Stadt treiben lassen, sehen wir, dass die Graffiti ganz offensichtlich Methode haben. Klar wird das ein paar hundert Meter Richtung Norden, wenn wir vorbei gehen am *Rossio*-Bahnhof und der *Praça dos Restauradores* und in den *Elevador da*

Street Art in Lissabon

Glória steigen, eine der drei Standseilbahnen Lissabons. Die *Calçada da Glória*, das enge, steile Gässchen hinauf zum *Bairro Alto*, durch das wir fahren, entpuppt sich zu unserem Staunen als veritable Graffiti-Galerie. Das ist kein Zufall, sondern gewollt, und zwar von der Stadtverwaltung.

Tatsächlich feiert Lissabon seit einigen Jahren seine *Street Art* und freut sich darüber, dass die Werke dieser neuen Generation von Künstlern wie Vhils oder Bordalo II (die weit mehr einsetzen als Sprühdosen) weltweit großen Anklang finden und von renommierten Galerien präsentiert werden. Zeitungen und Fernsehen berichten stolz darüber, wenn sie wieder einmal große Fassaden irgendwo in der Welt, ob in Moskau, Hongkong oder Tahiti, gestalten dürfen. Dabei ist Lissabon nicht die einzige europäische Stadt, die sich der *Street Art* angenommen hat (man denke an Lyon mit den großartigen *trompe l'oeil*-Bemalungen). Aber die Lissabonner *Street Art*-Künstler haben einen ganz eigenen Stil geprägt.

Nächste Doppelseite: *Street Art* in Lissabon

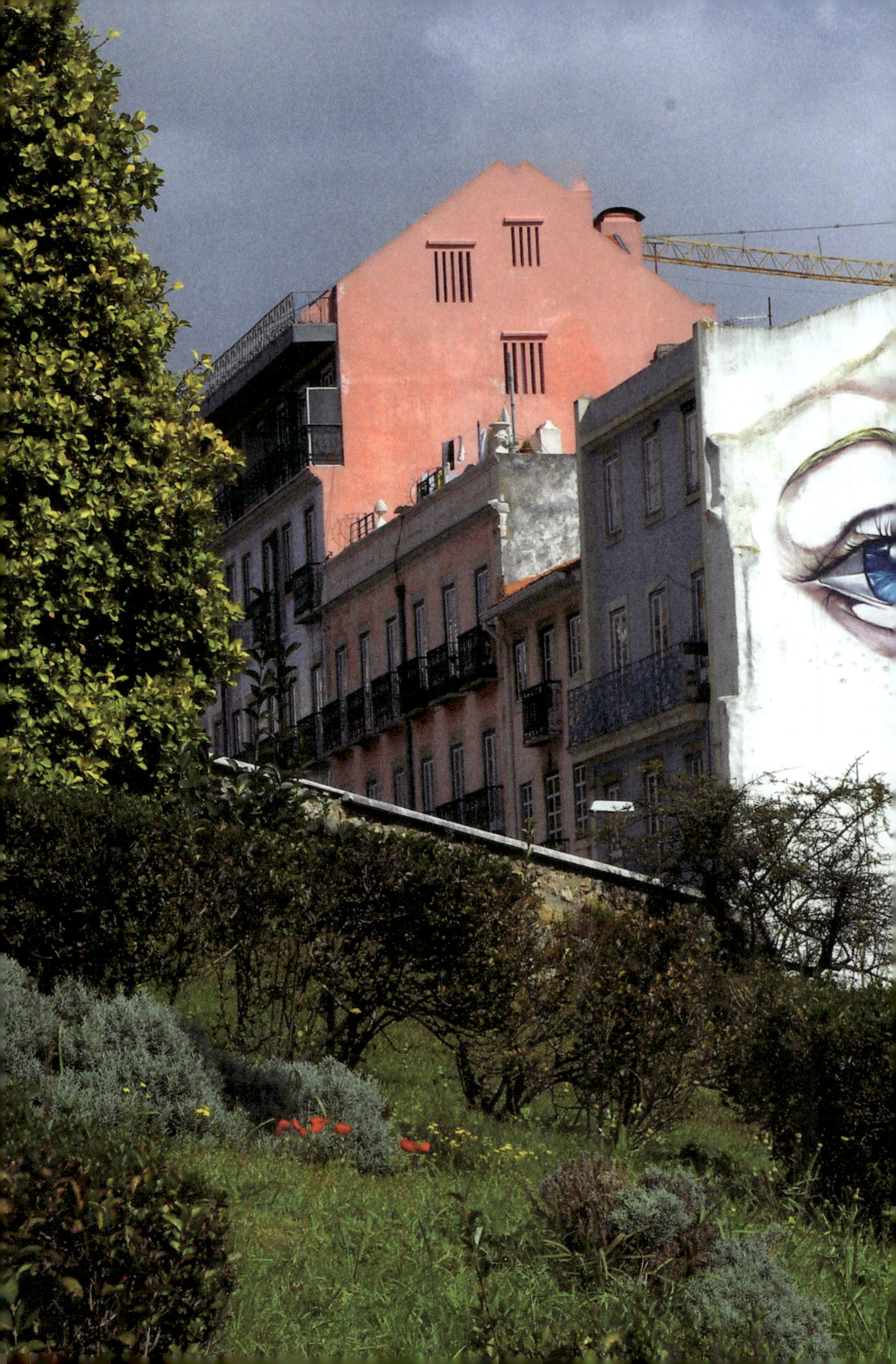

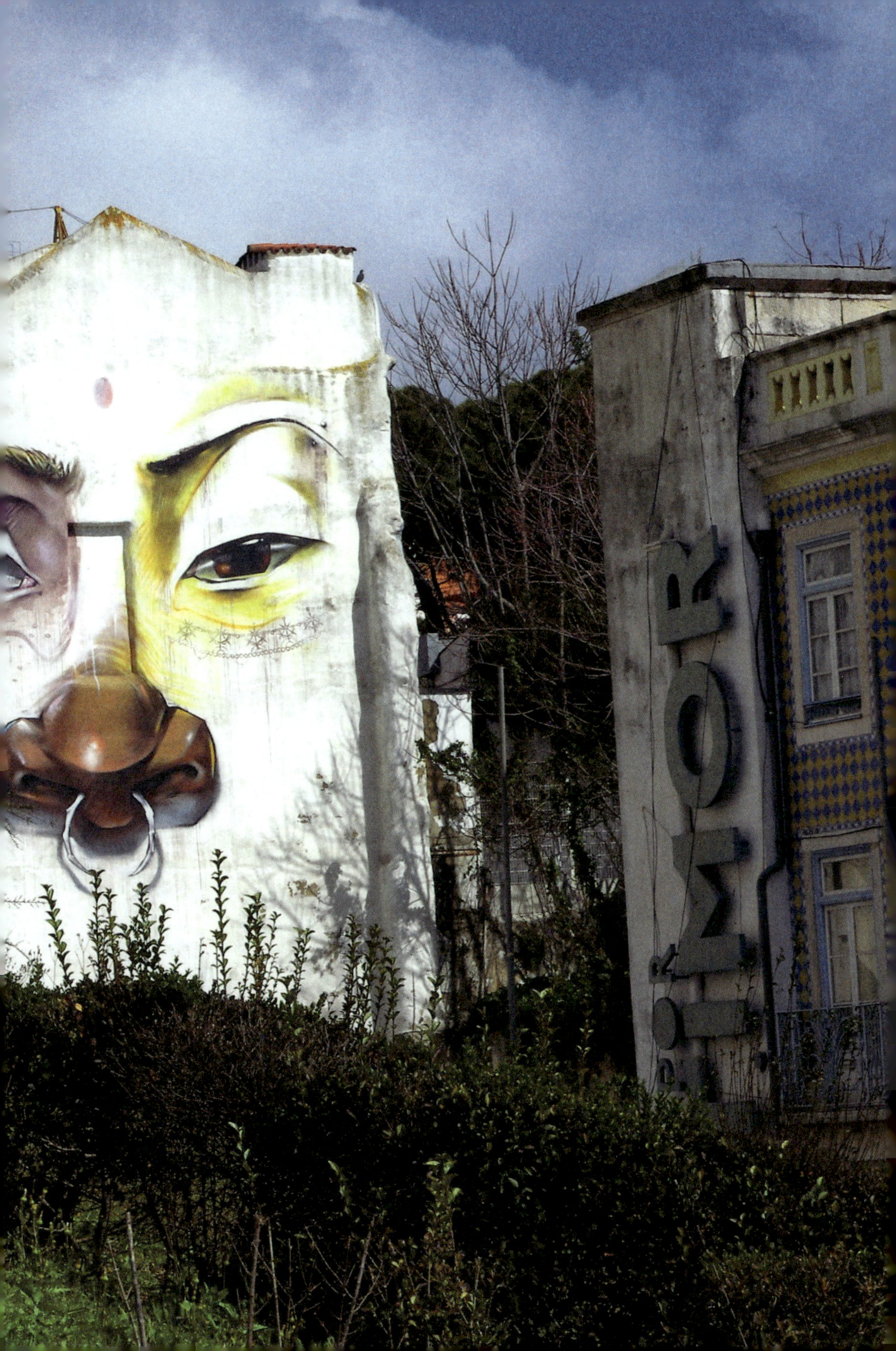

Street Art explodierte in Lissabon und in ganz Portugal unmittelbar nach der Nelkenrevolution vom 25. April 1974. Überall in der Stadt wurden die Mauern zu Trägern von politischen Forderungen. Schnell wurden sie aber auch zur Fläche für künstlerisch ambitionierte Abbildungen. Das galt lange Zeit als Vandalismus, und auch in Lissabon wurden die Käufer von Farb-Sprühdosen lange Zeit misstrauisch beäugt; wer beim Sprayen erwischt wurde, wurde bestraft. Das allerdings schreckte die Wandbemaler nicht ab, sondern stachelte sie eher an.

Lissabon fand sich schließlich als erste Stadt in Portugal damit ab, dass Verbote nicht taugen, um die Kreativität der Graffiti-Künstler einzubremsen. Man machte das Beste daraus: Die Stadtverwaltung suchte Flächen aus und gab sie zum Besprühen frei; seit 2008 koordiniert das die städtische *Galeria de Arte Urbana*. So etwas nennt man *Win-Win*: Die Graffiteure kamen aus der Anonymität heraus, der Vandalismus ging zurück, und an allen Ecken der Stadt entstanden attraktive und originelle Kunstwerke, die zum Magnet für Kunstliebhaber aus aller Welt wurden.

Street Art kann aber mehr sein als »nur« Kunst: Schon seit 2005 findet sie in Lissabon auch als eine Form der Seniorenarbeit statt. Das Programm *Lata65* bringt älteren Leuten in zweitägigen Workshops bei, wie man mit Sprühdosen Bilder an Wände malt und organisiert regelmäßige Gemeinschaftsaktionen. Lara Seixo Rodrigues, von Haus aus Architektin, hat sich die Sache einfallen lassen: »Wir haben ja nicht nur in Portugal das Phänomen, dass ältere Menschen oft allein sind oder allein gelassen werden. Und es gibt viele Ansätze, dem zu begegnen. Aber ich denke, dass wir uns mit unserem Projekt unterscheiden, weil die Leute nicht nur beschäftigt sind, sondern hinterher ihre Arbeit für sie selbst und für andere sichtbar ist.«

Wer mindestens 65 Jahre alt ist, darf mitmachen bei *Lata65*. »Am Anfang sind einige immer skeptisch, nach dem Motto ›Lass mich in Ruhe mit diesen Schmierereien.‹ Aber je länger sie sich damit beschäftigen, je mehr sie sich darauf besinnen können, dass sie hier niemand zu irgendetwas zwingt, dass sie eigene Ideen entwickeln und

Lara Seixo Rodrigues hat *Lata65* initiiert

auch umsetzen können, umso größer wird erst das Interesse und dann die Begeisterung.« Fast alle, die bei *Lata*65 mitmachen, sind Frauen, und einige der Teilnehmerinnen, die sich gerne als »Gang« bezeichnen, haben die 90 schon eine Weile überschritten. Das Logo ist übrigens eine spitzbübisch grinsende alte Frau mit Sprühdose.

Ob Lissabon ein idealer Ort ist für eine solche Aktion, frage ich Lara. »Ja und nein«, sagt sie: »Ja, weil die Stadtverwaltung der Sache sehr positiv gegenübersteht, und weil es hier Einrichtungen für Senioren gibt, die viele Dinge unternehmen, um die älteren Menschen anzusprechen – die Infrastruktur ist also da. Nein, weil es tatsächlich in Lissabon viele Aktionen für ältere Menschen gibt und wir deshalb zwar etwas Besonderes anbieten, aber nur eines von vielen Angeboten sind.« In kleineren Orten, wo es solche Strukturen zur Arbeit mit älteren Menschen nicht gibt, sei deshalb die Wirkung von *Lata*65 sehr viel größer. »Wir wollen ja nicht nur bunte Bilder an Fassaden hinterlassen, sondern die Menschen dazu bringen, dauerhaft miteinander zu

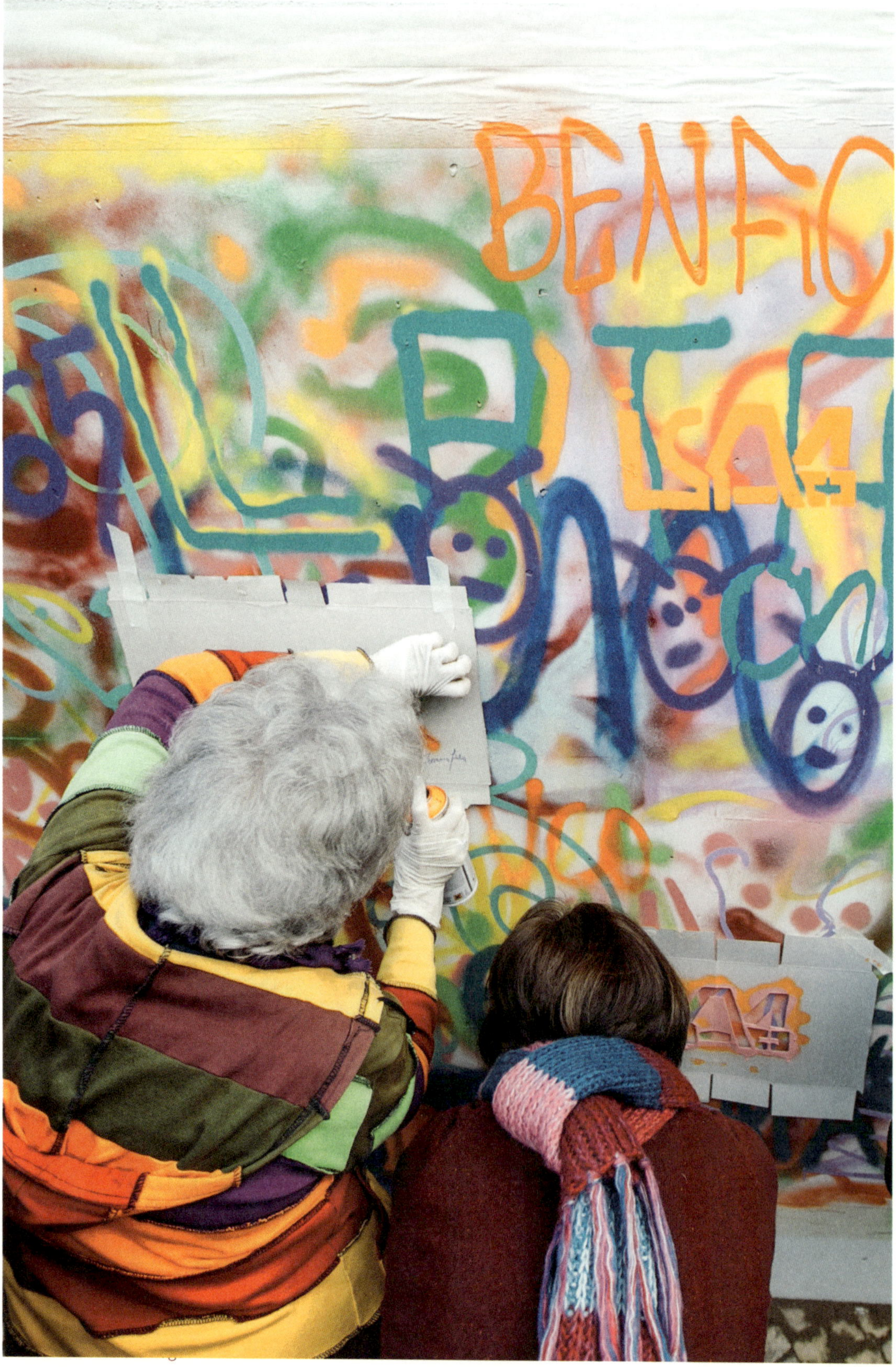
BENFIC

reden und gemeinsam zu handeln«, sagt Lara. Inzwischen ist *Lata65* in ganz Portugal aktiv und hat auch schon Aktionen in Brasilien organisiert. »Gemeinschaftsgefühl ist überall wichtig, und wenn wir helfen können, das zu entwickeln, dann ist dies der Erfolg, den wir uns wünschen.«

Kommen wir aber zurück zu dem, was wir beim Schlendern durch Lissabon sehen: *Street Art* als Anreiz für Kunstbegeisterte, die Stadt zu besuchen. Das ist sicherlich eines der wichtigsten Motive für die Stadtoberen, sich so intensiv zu engagieren: Kunsttouristen lassen gemeinhin sehr viel mehr Geld in der Stadt als andere Besucher. Lissabon jedenfalls gewinnt durch die *Street Art* das Image einer jungen, offenen, »coolen« Stadt. Und die Kunstwerke überdecken so manchen baulichen Schandfleck, besonders im Zentrum, wo bis zu 5 000 Häuser leer stehen sollen. Völlig überzeugt sind viele *Lisboetas* noch nicht: Neben den öffentlich sanktionierten Projekten gibt es leider immer wieder auch recht garstige Schmierereien, mit denen Hausbesitzer und Stadtverwaltung zur Weißglut getrieben werden.

Dem Beispiel Lissabons folgten viele andere Orte in Portugal, *Street Art* ist heute im ganzen Land alltäglich, und ähnlich wie die *Azulejos* und die *Calçada Portuguesa* entwickelt sie sich allmählich zu einem Bestandteil der *estetica nacional*, der »National-Ästhetik«. Auch die großen Kunststiftungen mischen inzwischen kräftig mit und fördern *Street Art*-Projekte im ganzen Land.

Street Art ist dem Wesen nach allerdings eine vergängliche Kunstform, nur wenige der Abbildungen überdauern Monate oder gar Jahre: Abbruchhäuser werden abgerissen, Fassaden renoviert, und an der *Calçada da Glória* werden die Kunstwerke alle paar Monate übersprüht und ersetzt. Am spektakulärsten ist sicherlich die *Muro de Amoreiras* in der *Rua Conseilhero Fernando de Sousa*, nicht weit entfernt von dem riesigen Einkaufszentrum in *Amoreiras*. Sie ist auch als »Wall of Fame« bekannt, weil sich hier auf gut 500 Metern Länge Werke von vielen der bekanntesten *Street Artists* finden.

Lata65 bei der Arbeit

BOOM TROTZ WENIG GELD: BILDENDE KUNST IN LISSABON

Azulejos und *Street Art* begegnen uns in Lissabon auf Schritt und Tritt. Aber auch das, was traditionell als »Kunst« verstanden wird, ist reichlich vorhanden. Heutzutage gibt es mindestens 150 Museen, Galerien und Ausstellungsräume von Stiftungen oder Künstlerinitiativen, unter denen kunstbegeisterte Besucher der Stadt wählen können. Seit 2016 wurde rund ein Dutzend neuer Galerien eröffnet, und eine Reihe von internationalen Kunsthändlern hat Dependancen etabliert. Ebenfalls seit 2016 findet im Mai die Kunstmesse *ARCOlisboa* statt, 2018 kam mit *JustLX* zeitgleich eine Konkurrenzveranstaltung dazu. Seit einigen Jahren gibt es auch einen kleinen, aber stetigen Strom von Künstlern, die London, Mailand oder Madrid hinter sich lassen und am *Tejo* ihre Zelte aufschlagen: Noch sind die Mieten für Wohnungen und Studios im europäischen Vergleich erschwinglich. Die Kunstpresse bezeichnet Lissabon inzwischen bisweilen als das »neue Berlin« Europas – ein Label, das in der Szene selbst nicht besonders beliebt ist.

Die wichtigsten und beliebtesten Orte, um Kunst zu besichtigen, sind sicherlich das *Museu de Arte Antiga* für alte Kunst und das 1901 gegründete *Museu Nacional de Arte Contemporânea* für Gegenwartskunst. Beide sind staatliche Museen, die die Werke portugiesischer Künstler in den Vordergrund stellen. Das *Museu Calouste Gulbenkian* beherbergt neben der eklektischen Sammlung des Namensgebers und Stifters auch eine hochkarätige Sammlung moderner Kunst.[5] Auch das *Museu Coleção Berardo* im *Centro Cultural de Belém* (CCB) geht auf die Stiftung eines Privatsammlers zurück – es gehört zu den meistbe-

Museu Nacional de Arte Antiga

suchten Museen der Welt und konzentriert sich auf moderne Kunst, wobei, wie im Gulbenkian, ausländische Künstler stark vertreten sind. Das 2016 eröffnete *Museu de Arte, Arquitetura e Tecnología* (MAAT) in *Belém* erhielt zum Start die Sammlung des Malers Pedro Cabrita Reis, die von der Stiftung des Energieversorgers EDP angekauft worden war. Sie umfasst 338 Stücke von 74 portugiesischen Künstlern, allesamt nach 1990 entstanden.

---

5   Calouste Gulbenkian war ein armenischstämmiger Ölhändler, der 1942 aus Frankreich nach Lissabon flüchtete. Dort lebte er zurückgezogen im luxuriösen Hotel Avis, wo er 1955 auch starb. Zu Lebzeiten galt er als einer der reichsten Menschen der Welt, seine Kunstsammlung, die er in die Stiftung einbrachte, galt als eine der größten der Welt. Bis heute bezieht die Stiftung den Löwenanteil ihres Einkommens von einer panamaischen Holding, die Gulbenkian bereits 1938 eingerichtet hatte.

PRIVATES UND ÖFFENTLICHES MIT CATARINA BOTELHO

Lissabon, eine Stadt der Kunst? Catarina Botelho ist da eher skeptisch: »Die Kunstszene ist sehr klein, fast familiär. Nur wenige Leute gehen in Museen und Galerien. Fußballer, Musiker oder Schauspieler sind prominent, Maler oder Fotografen nicht. Natürlich gibt es Ausnahmen wie Vhils oder Joana Vasconcelos, aber die bestätigen eigentlich nur die Regel.« Catarina ist Fotografin, seit 2007 werden ihre Arbeiten im In- und Ausland ausgestellt und ausgezeichnet. Als waschechte *Lisboeta* – sie ist im Hafenviertel *Cais do Sodré* aufgewachsen – hat sie immer schon Inspiration aus der Stadt bezogen: »Hier habe ich schon als Kind die Eindrücke gesammelt, die mich zur Kunst gebracht haben«, sagt sie. Schon als Schülerin ist sie mit Videokamera und Fotoapparat durch die Stadt gezogen, um Szenen, Menschen und Stimmungen festzuhalten.

Nach der Schule war klar, wie es weitergehen würde: Sie wollte »irgendwas mit Kunst« machen. Ihre große Leidenschaft war immer der Film – für sie ist das eine »komplette« Kunst, ähnlich wie die Oper im Musiktheater. Das Problem: Die Lissabonner Kunsthochschule bietet bis heute keine Foto- oder Filmklassen an. Also studierte sie Malerei, obwohl Pinsel und Leinwand so gar nicht ihr Medium sind. Trotzdem sieht man, wenn man genau hinschaut, bei ihren Bildern immer noch Spuren der Ausbildung, etwa beim Umgang mit Licht und Farben und der Komposition ihrer Bilder, die oft klassische Arrangements, etwa bei den Stillleben, reflektieren.

Viele ihrer Fotos kommen ganz ohne Personen aus. Wenn es welche gibt, sind sie oft einsame Figuren, fast immer in ihrem persönlichen

Catarina Botelho

Foto aus der Serie *Inventário*

Umfeld fotografiert. Sie sind oft nachdenklich, es sind eindeutig keine Portraits. Oft sind es Freunde und Bekannte; die Fotografin Botelho ist quasi als Insider unterwegs. Mich interessiert aber besonders ihr Projekt *Inventário*, das sie 2013 begonnen hat, und das sie als »Work in Progress« bezeichnet. Sie zeigt darin geschlossene Läden – ein oft trauriger Anblick. »Ich laufe zu Fuß durch meine Stadt, durch *Baixa*, *Avenida*, *Cais do Sodré*, *Santos*, *Chiado*, *Alfama*, *Saldanha*, *Intendente*, *Avenidas Novas*, ziehe von einem Ort zum anderen, und auf dem Weg sehe ich Dutzende, wenn nicht Hunderte von geschlossenen Geschäften. Und seit ich mit *Inventário* angefangen habe, sehe ich jeden Tag eines mehr. Die verschlossenen Fenster sehen für mich wie Gemälde aus. Diese Orte, die ja einst von Menschen bevölkert waren, erscheinen wie verschlossene Kisten, wo die Luft sich hartnäckig weigert, zu entweichen.«

Auch in anderen Serien kommen die Fotos von Catarina oft melancholisch und nachdenklich daher, aber sie will sie durchaus politisch verstanden sehen, nämlich als künstlerisches Dokument der Entfernung, des Zurückdrängens der Menschen hinter die Funktion von Gebäuden und Objekten und deren kommerzieller Verwertbarkeit. Die *Inventário*-Bilder bezeichnet sie als Zeugen der »stillen Gewalt« der sich verändernden Gesellschaft. »Mit der Geschäftsaufgabe gehen ja auch die Beziehungen der Menschen, die hier gearbeitet und eingekauft haben, verloren. Und öffentlicher Raum geht verloren«, sagt sie: »Die Stadt ist dabei, sich selbst zu verschließen.« Sie will ihre Fotos nicht verstanden wissen als Bilder der »melancholischen Schönheit einer verschwommenen Vergangenheit«. Bei den Läden, die sie fotografiert, gibt es keine Schilder, mit denen Nachmieter gesucht werden. Zukunft ist nicht vorgesehen.

Catarina sieht die Richtung, in die sich Lissabon entwickelt, kritisch: »Vor ein paar Jahren hätte ich noch gesagt, dass wir jetzt endlich eine offene, kreative Stadt haben. Dann kam die Riesenwelle des Tourismus und hat sehr vieles verändert.« Früher habe die Stadt »Zeit gehabt«, das fand man so in anderen europäischen Hauptstädten nicht.

»Es stimmt zwar, dass wir immer noch rücksichtsvoller umgehen miteinander als das in anderen Städten der Fall ist. Wir drängeln halt nicht. Aber es geht um die Stadt an sich, und der geht die Ruhe aus. Im öffentlichen Raum gibt es heute überall und ständig Musik. Und die Sonntagsschließung der Läden war gut für die Stadt, weil sie sich dann ausruhen konnte.«

Aber der Tourismus habe doch die Wirtschaft enorm belebt und viele Arbeitsplätze gebracht, wende ich ein. »Ja, das stimmt. Aber dadurch ist der Tourismus auch eine Art Erpressung – er beschert Einkommen, aber er verändert die Lebensqualität und zwingt Veränderungen auf, die nicht dem entsprechen, was die Menschen, die hier leben, brauchen und wollen.« Die Idee, dass alle immer ständig verfügbar sein müssen, sei das Gegenteil eines lebenswerten Lebens. »Auch in Portugal arbeiten die Leute viel, aber anders. Aber die Handy-Abhängigen, die gibt es natürlich auch bei uns«, sagt sie lachend.

Trotzdem sagt auch sie, dass in den vergangenen Jahren eine besondere Dynamik auch bei den Künstlern spürbar geworden ist. »Es gibt eine Menge junger Leute, die spannende Sachen machen, obwohl die staatliche Förderung fehlt. Aber bei der Fotografie gibt es weder eine Tradition noch lässt sich eine Richtung erkennen, die typisch für Lissabon wäre.« Was sie für die Zukunft plant, möchte ich wissen. »Ich möchte irgendwann Filme machen.« Tatsächlich erfüllte sie sich ein paar Monate nach unserer Begegnung ihren Wunsch und drehte den Dokumentarfilm *Notas de Campo* (*Notizen aus dem Feld*), der inzwischen auch bei vielen Festivals gezeigt wurde.

Eine Überraschung kommt am Ende unseres Gesprächs. Als ich darum bitte, sie fotografieren zu dürfen, stimmt Catarina zwar zu, verzieht aber das Gesicht: »Ich kann es nicht leiden, wenn man mich fotografiert.«

Nächste Doppelseite: Winter im Stadtteil *São Bento*

ATELIER
MUSEU
JULIO
POMAR

Pomar

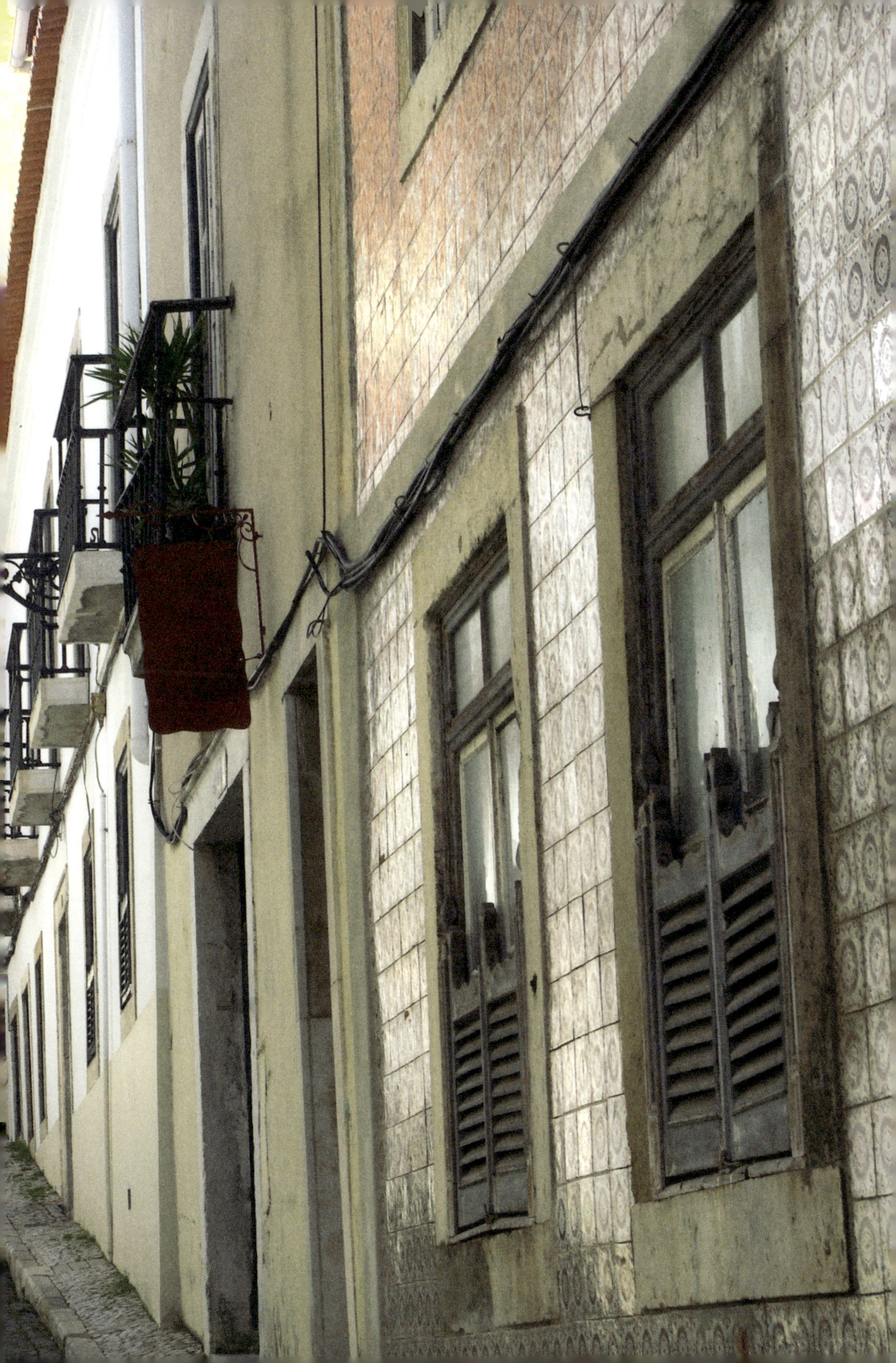

MIGUEL MARQUES
UND DIE SPRACHE DES UNIVERSUMS

Wenn es um Kunst geht ist eines klar: Ohne Geld wird es schwierig für ernsthafte Künstler, und Geld war in Lissabon über Jahrzehnte Mangelware. Aber dank des Popularitätsschubs, den Lissabon in den vergangenen Jahren erfahren hat, ist viel Geld in die Stadt gekommen. Nicht nur durch Tourismus, sondern auch durch eine große Zahl an Ausländern, die sich hier niedergelassen haben. Viele von ihnen sind wohlhabend und haben der Stadt einen Immobilienboom beschert, der viele Einheimische aus dem Wohnungsmarkt ausgeschlossen hat. Aber nicht nur der Immobilienmarkt profitiert von dem frischen Geld, auch der Kunstmarkt bekommt einen ordentlichen Teil ab. Wird Lissabon wegen der ausländischen Investitionen zur Kunststadt?

»Das würde ich so nicht sagen«, wehrt Miguel Marques ab. Miguel ist seines Zeichens Galerist und steht deshalb mitten im täglichen Überlebenskampf der heute tätigen Künstler. »Ja, es passiert viel. Aber traditionell stehen hier in Portugal Dichtung und Musik viel mehr im Mittelpunkt des Interesses. Eine echte und vor allem breite Kunstszene, wie man sie aus anderen europäischen Städten kennt, existiert hier nicht wirklich.« Auch die Zahl derer, die sich für moderne Kunst interessieren, ist klein – echte Konkurrenz zwischen Sammlern, Galerien, Stiftungen und Künstlern fehlt. Ebenso wenig gibt es in Lissabon ein Künstlerviertel, und die Förderung von jungen Kreativen ist äußerst bescheiden. »Wenn etwas passiert, dann geschieht das meist auf Initiative der Künstler selbst.«

Miguel Marques

Miguel ist von Haus aus Jurist, aber es war für ihn immer klar, dass sein Lebensinhalt die Kunst ist. »In meiner Familie gab es zwar eigentlich gar kein Interesse dafür, aber für mich war das von klein auf das Spannendste überhaupt.« Er zeichnet und malt selbst sehr gerne, hat als Kind auch einen Preis für ein Poster gewonnen, das bei einem Schülerwettbewerb eingereicht worden war. »Beim Malen und Zeichnen kommt es weniger auf die Hand an als auf das Hirn. Es kommt darauf an, wie man die Realität wahrnimmt – die Technik ist dann etwas anderes.« Außerdem spielt er Klavier und hat portugiesische Gitarre gelernt, Musik bringe ihn in besonderer Weise zum Fühlen, sagt er.

Als Student fing er an, Bilder zu sammeln, irgendwann entstand daraus ein kleiner Kunsthandel und später eine Galerie. »Ich habe lange Zeit vor allem ausländische Künstler vertreten, die einheimische Szene fand ich nicht so interessant.«

Die Finanzierung sei früher kein Problem gewesen, die Banken gaben im Zuge der Spekulationsblase auch für Investitionen in Kunst

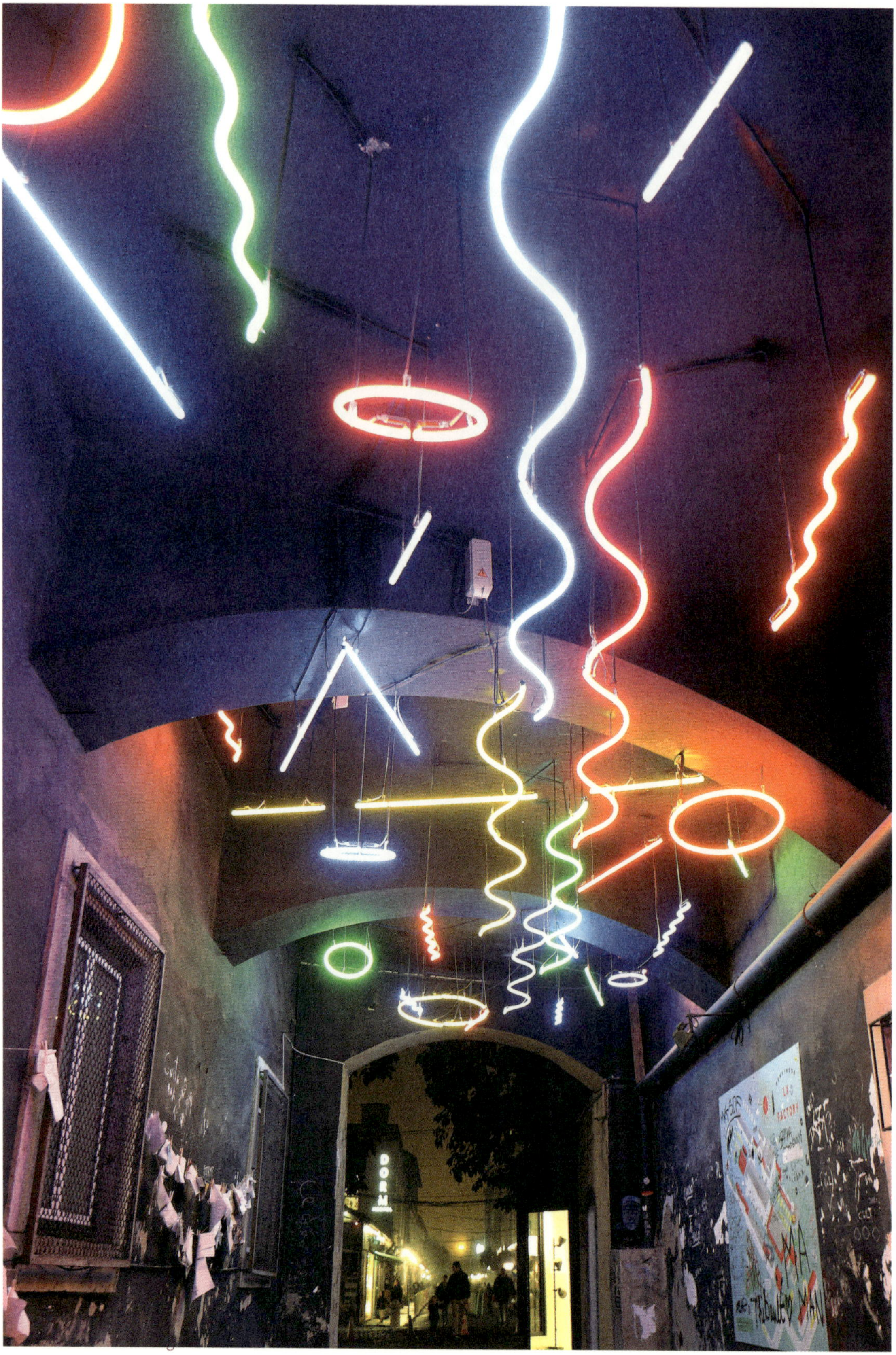
DORM

gerne Kredite. »Dann kam die Finanzkrise, das war das Ende dieser Geschichte.« Zur gleichen Zeit eröffneten mehrere Auktionshäuser in Lissabon, die mit aggressiver Preispolitik den Markt in Unordnung brachten. Manchmal würde bei Auktionen weniger als die Hälfte des eigentlichen Werts gezahlt. »Es gab und gibt hier sowieso wenige Sammler, und die fingen an, ihre Ausgaben auf etablierte Künstler zu konzentrieren. Bei jungen Künstlern müssen wir Galeristen mit den Niedrigpreisen der Auktionshäuser konkurrieren, das ist für uns und für die Künstler sehr schwierig.« Es gebe nur wenige Investoren im Kunstmarkt, und viele Galerien glaubten auch nicht an junge Künstler.

Wie denn seine geschäftliche Strategie aussieht, möchte ich wissen. »So etwas habe ich eigentlich nicht«, sagt er lächelnd: »Ich muss selbst überzeugt sein von einem Künstler und seinen Arbeiten, sonst hat es keinen Sinn für mich.« Und wann ist er überzeugt? An Kunst interessiere ihn das »Unfassbare«, sagt er, das Element des Hineingezogenseins, ohne es wirklich erklären zu können. »Kunst, ob Musik oder bildende Kunst, spricht zu Dir. Es mag sich ein wenig gestelzt anhören, aber: Etwas aus dem Universum kommuniziert mit Dir. Das ist für mich entscheidend. Oft ist ja die effizienteste Kommunikation diejenige, die ohne Worte auskommt, die Bilder und Symbole oder Töne verwendet.«

Aber die Geschmäcker sind doch sehr unterschiedlich, wende ich ein. Das lässt er nicht gelten: »Über Geschmack kann man sehr wohl streiten. Aber es gibt natürliche Schönheit, das Prinzip des goldenen Schnitts zum Beispiel ist eine Wahrheit.« Schönheit und Hässlichkeit seien universell, man müsse das Auge schulen, um sie zu erkennen. »Es braucht Training und Erfahrung, dann kommt auch der Erfolg der Galerie.«

Reden wir übers Geld – eine Galerie ist ja dazu da, die Werke von Künstlern zu verkaufen und ihnen damit den Lebensunterhalt zu sichern. Und es gibt nun einmal Kunst, die sich besser, und solche, die sich schlechter verkauft. »Das stimmt. Aber für mich sind diejenigen Künstler, die vor allem marktorientiert arbeiten, oder von selbst an

Ein mit Neonleuchten beleuchteter Eingang zur *LX Factory*

profitorientierte Investoren herantreten, nicht interessant.« Spannend für ihn seien junge Leute, die die Welt kennenlernen wollen und mit ihr in Kontakt sind. Diese versucht er zu fördern, indem er jedes Jahr acht bis zehn Ausstellungen veranstaltet. Allerdings bleibt er auch dort kritisch bis zuletzt: »Ich habe auch schon Ausstellungen kurzfristig abgesagt, als ich die Werke gesehen habe und der Meinung war, dass die Sachen einfach noch nicht reif sind. Das gibt zwar Ärger, aber es ist meine Galerie und meine Entscheidung.« Ein paarmal hätten sich die Künstler später bei ihm bedankt für sein Veto.

Auch bei der Kundschaft differenziert er: »Am liebsten mag ich die Kunden, die ein Kunstwerk kaufen, weil sie sich darin verliebt haben. Natürlich gibt es auch Leute, die Kunst als Investment kaufen. Aber das ist riskant und selten erfolgreich.« Seine wichtigsten Kunden sind erfahrene Sammler, aber Miguel sagt auch, dass mindestens 70 Prozent seiner Kundschaft vorher noch nie ein Bild gekauft haben. »Es macht mich stolz, Leute dazu zu bringen, sich mit Kunst zu beschäftigen, auch wenn sie nicht viel Geld ausgeben können.«

Ein Grundproblem des Kunstmarkts in Lissabon hat er auch ausgemacht: »Wir sind eine offene Gesellschaft für alles Mögliche, aber nicht für die Kunst. Die Leute sind einfach nicht geschult. Bis heute wird Kunst in den Schulen nur nebenbei unterrichtet, es wird keine Orientierung gegeben.« Deshalb sei Kunst in der allgemeinen Wahrnehmung eine Sache für die Eliten geblieben, eine breite Schicht, die sich dafür interessiert, gibt es nicht. »Die Menschen haben Schwellenangst bei Galerien, sie meinen, das sei nur etwas für reiche Leute.« Deshalb ist die Preisgestaltung für ihn eine ständige Herausforderung: Er muss etwas für »Laufkundschaft« bieten, um sie überhaupt zu interessieren, und etwas für erfahrene Sammler. Bei ihm gibt es deshalb limitierte Drucke für 300 Euro, aber auch Bilder für deutlich mehr als 10 000 Euro.

Wie wird es weitergehen für ihn und den Kunstmarkt? Die neuen Galerien und Kunsthändler, die in den vergangenen Jahren nach Lissabon gekommen sind, machen ihm wenig Sorge: »Das bringt mehr

Paula Rego, Ohne Titel (1964)

Aufmerksamkeit für alle, und das ist gut so.« Auch er stellt fest, dass portugiesische Künstler dynamischer und selbstbewusster auftreten, und dabei oft den Umweg über Präsentationen im Ausland gehen. »Portugal ist, bei aller Entwicklung, weiterhin ein Land am Rand Europas, und der Blick der großen Sammlungen fällt immer noch nicht allzu häufig hierher. Es gibt diesbezüglich auch keine staatliche Förderung, die dieses Interesse hierherziehen würde.« Und er zuckt die Achseln: »Es ist und bleibt ein eigenartiger Markt in einer eigenartigen Gesellschaft.«

KUNST IN PORTUGAL

Wie fast überall in Europa hat auch die bildende Kunst in Portugal ihren Ursprung in der Sakralkunst: Über Jahrhunderte waren Maler und Bildhauer vor allem damit beschäftigt, Werke zum Ruhme des Herrn und der katholischen Heiligen zu schaffen. Eine erste Blütezeit begann im 15. Jahrhundert, in dieser Zeit ragt Nuno Gonçalves heraus, der mit dem Flügelaltar »Die Anbetung des Heiligen Vinzenz« eines der wichtigsten Werke der portugiesischen Renaissance schuf und eine einflussreiche Malerschule gründete.

Grundsätzlich orientierten sich Gonçalves und seine Zeitgenossen nicht so sehr an der italienischen, sondern an der flämischen Renaissance-Malerei nach dem Vorbild von Jan van Eyck, der sich mehr als ein Jahr in Lissabon aufhielt. Dieser Einfluss zeigt sich auch in der Arbeitspraxis der zeitgenössischen Künstler, die durchwegs in gemeinsam genutzten Werkstätten tätig waren, Aufträge gemeinsam ausführten und nur selten ihren eigenen Namen zur Kennzeichnung ihrer Werke nutzten.

Die portugiesische bildende Kunst blieb lange Zeit epigonal, wirklich bemerkenswerte Künstler, die auch über die Landesgrenzen hinweg wahrgenommen wurden, konnten sich nicht profilieren. Erst im 19. Jahrhundert änderte sich dies, vor allem mit Miguel Ângelo Lupi, der für seine romantisch geprägten Portraits bekannt wurde und später mit Columbano Bordalo Pinheiro, dem jüngeren Bruder des Karikaturisten und Keramikkünstlers Rafael Bordalo Pinheiro, der als Meister des portugiesischen Realismus gilt.

In der ersten Hälfte des 20. Jahrhunderts ragt José Sobral de Almada Negreiros heraus, der als Maler, Schriftsteller, Sänger, Tänzer und Schauspieler agierte. Zahlreiche Künstler gingen in der Zeit des Salazar-Regimes ins Exil, darunter auch Júlio Pomar, gemeinsam mit Paula Rego die prägende Figur der portugiesischen Kunst in der zweiten Hälfte des 20. Jahrhunderts.

JOANA SOUSA MONTEIRO: HERRIN DER MUSEEN

Was gehört zu einer Stadt, die mit Kultur punkten will? Eine attraktive Museumslandschaft. Und die hat Lissabon – die wichtigsten Kunstmuseen hatte ich Ihnen ja schon genannt. Insgesamt sind es aber fast hundert Einrichtungen, die sich »Museum« nennen oder als solche fungieren. Die Bandbreite ist riesig: Von *Azulejos* bis *Fado*, Pharmazie bis Kutschen, Kunsthandwerk bis Militärwesen wird eigentlich jedes Interesse mit größeren und kleineren Sammlungen bedient. Im Zentrum steht dabei das städtische *Museu de Lisboa*, mit dessen Chefin Joana Sousa Monteiro ich mich auf der *Praça do Comércio* verabredet habe.

Es ist Ende März, der Himmel ist strahlend blau und Joana blinzelt fröhlich in die Sonne: »Ich liebe dieses klare, transparente Licht, das wir hier haben«, sagt sie. Joana hat einige Jahre als Kulturjournalistin und in verschiedenen Museen gearbeitet. Danach war sie zehn Jahre lang beim nationalen Museumsinstitut, das inzwischen Teil des Kulturministeriums ist.

Seit 2015, als fünf bis dahin eigenständige Museen unter dem neuen Dachnamen zusammengefasst wurden, leitet die Kunsthistorikerin das *Museu de Lisboa* und soll die Museumslandschaft in Lissabon neu strukturieren – eine Herkulesaufgabe, die nicht besonders leichter gemacht wird dadurch, dass im Zuge der Finanzkrise die Mittel für Kultur gewaltig gekürzt worden sind. »Da müssen wir uns halt vor allem auf unser Köpfchen verlassen«, sagt sie schulterzuckend.

Wir machen es uns vor einem der Cafés gemütlich, bestellen eine *Bica*, den Espresso, ohne den in Lissabon gar nichts läuft, und Joa-

Joana Sousa Monteiro

na legt los. »Unser Museum hat fünf Standorte mit unterschiedlichen Themen, dadurch können wir die Story von Lissabon auf ganz unterschiedliche Weise erzählen«, berichtet sie und ergänzt: »Im *Museu Santo António*, das nach dem Heiligen Antonius von Padua benannt ist, der in Lissabon geboren wurde und dort die meiste Zeit lebte, geht es um die Bedeutung des Christentums in der Stadt. Das *Teatro Romano* zeigt die Überreste eines römischen Amphitheaters aus der Zeit des Kaisers Augustus. Die *Casa dos Bicos* beherbergt die Saramago-Stiftung und ist vor allem dem Leben und Werk des Literatur-Nobelpreisträgers gewidmet. Im Erdgeschoss sieht man dort übrigens auch Überreste der alten römischen Hafenmauer. Hinter uns ist der *Torreão de Poente*, das ist unser neuester Standort. Dort wollen wir Wechselausstellungen zeigen. Wusstest Du, dass der Turm der einzige erhaltene Teil des alten Königsschlosses ist? Der ganze Rest ist im Erdbeben 1755 zerstört worden. Und unser Hauptsitz ist im *Palácio Pimenta*, im Norden der Stadt in *Campo Grande*. Dort zeigen wir Allgemeines zur Stadtgeschichte.«

Das hört sich beeindruckend an, allerdings wirken die städtischen Museen reichlich altmodisch und verstaubt. »Das stimmt«, seufzt sie: »Vor allem die Dauerausstellung im *Palácio Pimenta* macht einiges an Arbeit. Sie war gut 35 Jahre unverändert geblieben. Mit meinem Vorgänger habe ich an einem neuen Konzept dafür gearbeitet, und diese Ausstellung wird dann höchstens zehn Jahre unverändert bleiben.« Eine der großen Baustellen, vor denen sie steht, ist auch eine angemessene Darstellung der muslimischen Zeit in Lissabon. Immerhin wurde die Stadt fast 450 Jahre von den Mauren beherrscht, dazu ist aber wenig zu sehen in den Museen.

Hauptgrund für den bedauerlichen Zustand der städtischen Museen ist das jahrelange Kompetenzgerangel zwischen der Kulturverwaltung der Stadt und der – ebenfalls städtischen – privat organisierten Kulturgesellschaft EGEAC. »Da war keine Kommunikation, keine Kooperation, kein gemeinsames Ziel zu erkennen. Das ist jetzt anders«, sagt sie.

Der Weg zur Museumsdirektorin war für sie nicht vorgezeichnet. »Das ist mir eher passiert, als dass ich es angestrebt hätte. Ich hatte auch überlegt, Wirtschaft oder Medizin zu studieren, dann wurde es Kunstgeschichte.«

Was man braucht, um ihre Aufgabe zu erfüllen? »Interesse an Projektmanagement und Teamarbeit und ein gewisses Talent zur Koordination. In meinem Job ist es auch sicher hilfreich, dass ich mich schnell für neue Dinge interessieren kann.« Und was ist daran faszinierend? »Man lernt ständig dazu. Wenn das Umfeld stimmt, kann man in einem Museum ungeheuer kreativ sein. Wenn die Besucher aus einer Ausstellung herausgehen und den Eindruck haben, etwas erfahren zu haben, was für sie bis dahin unbekannt war, das sie vielleicht auch beflügelt hat, dann ist das ein schönes Gefühl, weil man etwas tut, was für die Menschen von Bedeutung ist.«

Das *Museu de Lisboa* besitzt aktuell rund 70 000 Ausstellungsstücke, die gezeigt werden können. Dabei geht es Joana darum, vor allem den *Lisboetas* selbst immer wieder unterschiedliche Aspekte ihrer Stadt vorzustellen. Dabei folgt sie mit der Konzeption des Museums einem internationalen Trend, der in vielen Metropolen zu beobachten ist: Stadtmuseen als Versuch der Identitätsstiftung, als Repräsentation des geografischen, sozialen, politischen und geistigen Kontextes der Stadt. »Es ist ja nicht nur die Geschichte der Stadt, sondern auch ihre Gegenwart, die Hinweise für die Entwicklungen der Zukunft gibt«, sagt sie.

Wenn wir schon über Identität reden – was ist denn für sie als gebürtige *Lisboeta* das identitätsstiftende Element? »Da gibt es so vieles«, sagt sie und denkt nach. »Das Aussehen der Stadt mit den steilen Hügeln und der Architektur. Die Überschaubarkeit. Der Umgang miteinander – wir sind längst nicht so hektisch wie Leute anderswo. Und natürlich dieses unglaubliche Licht. Wenn ich eine Weile nicht hier bin, merke ich, dass ich vor allem deshalb Heimweh bekomme.« Und dann, mit einem Lächeln: »Ich liebe ja auch den *Fado*. Aber glaube mir: Meine Generation kann mit *Saudade* nicht mehr besonders viel anfangen.«

Im Stadtteil *Alfama*

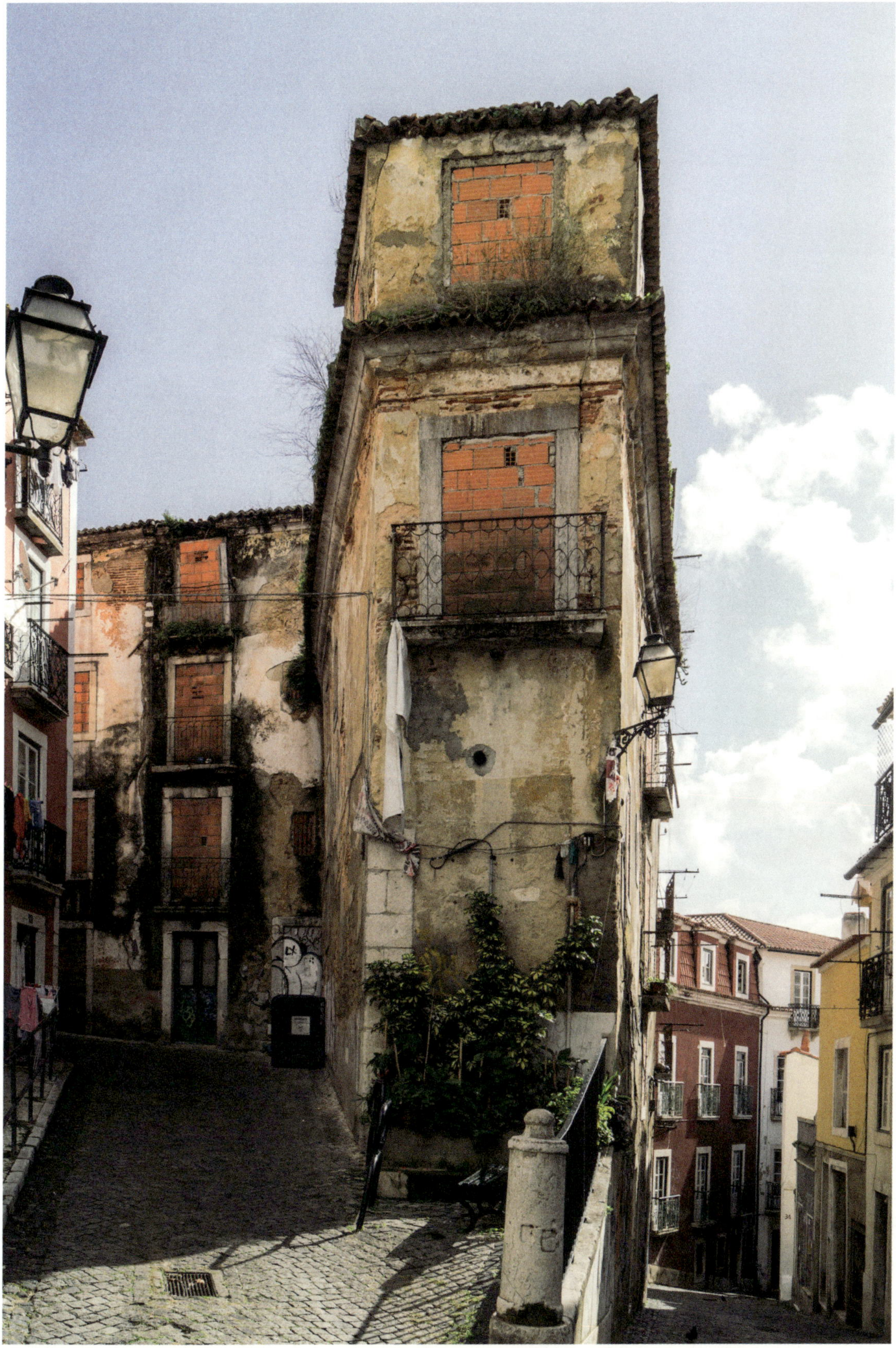

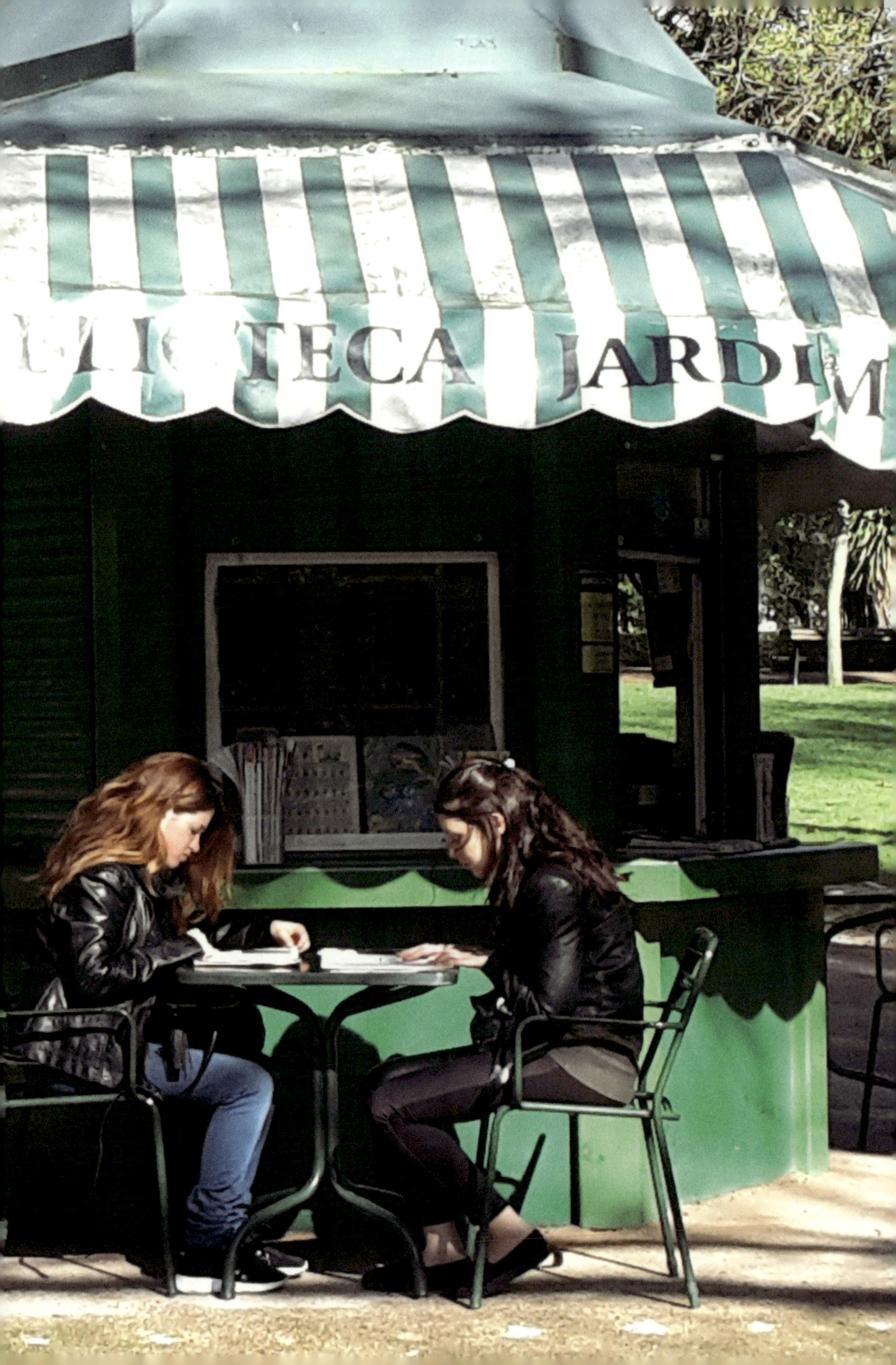
TECA JARDIM

LISSABONNER BÜCHERMENSCHEN

Lissabon ist nicht nur eine schöne Stadt, sie ist auch eine Stadt der Bücher und eine Stadt der Dichter. Haben Sie Lust auf einen Streifzug durch einige Buchhandlungen? Dann kommen Sie mit. Wir werden interessante Leute treffen, und am Ende auch noch einen Schriftsteller.

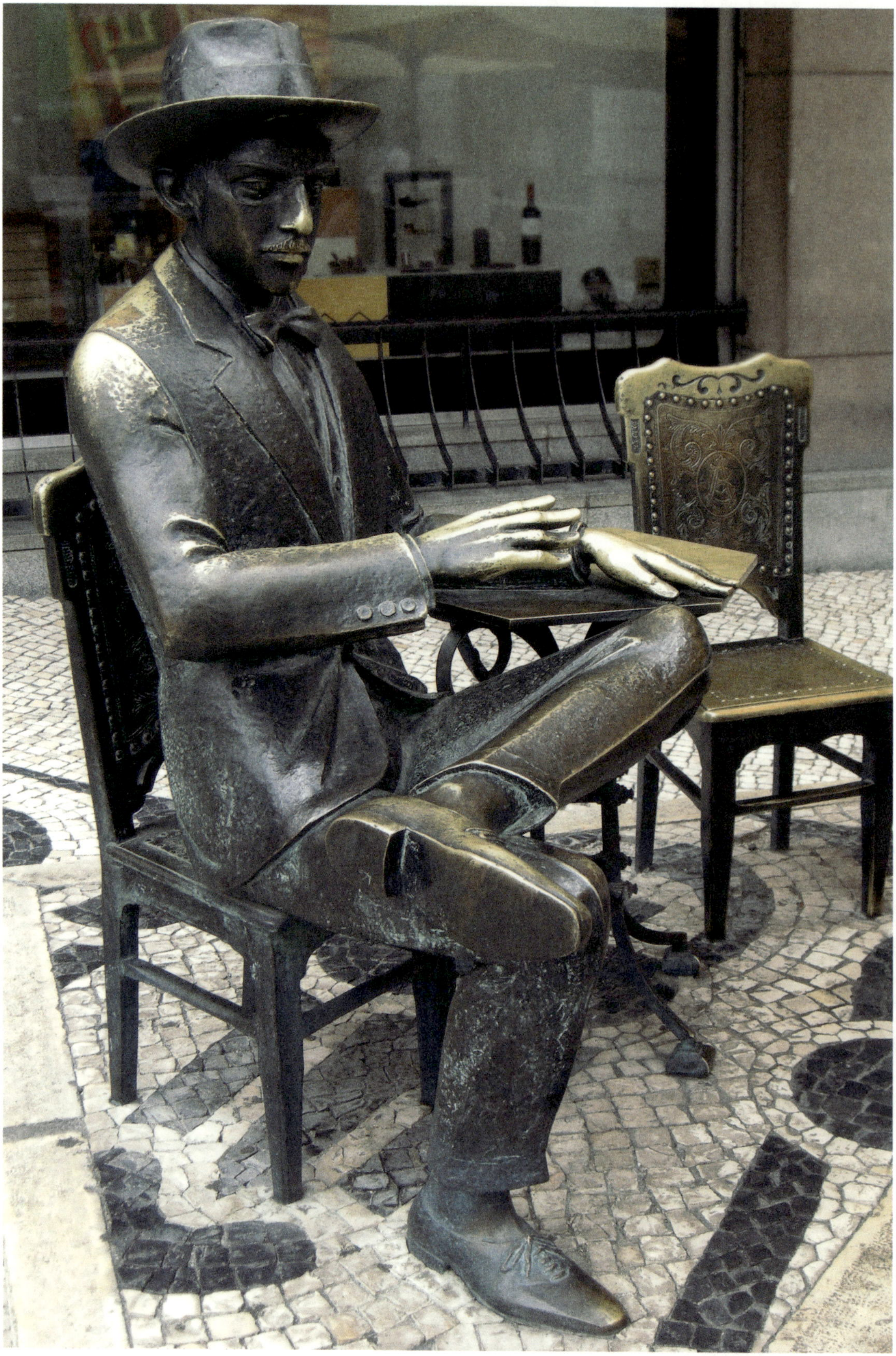

DREIMAL BUCH UND HANDEL

Dass Lissabon stolz ist auf seine Schreiber, zeigt sich schon, wenn wir von der *Baixa* hinaufsteigen in Richtung *Bairro Alto*. Die schöne Einkaufsstraße, in die wir einbiegen, ist die *Rua Garrett*, benannt nach João Baptista de Almeida Garrett, der im 19. Jahrhundert das portugiesische Theater revolutionierte. Rechter Hand sehen wir die Bronzestatue von Fernando Pessoa vor dem Café *A Brasileira* sitzen, geradeaus kommen wir zum *Largo do Chiado*, benannt nach António Ribeiro »Chiado«, einem Dramatiker aus dem 16. Jahrhundert. Ein Denkmal des Meisters findet sich dort auch. Und noch ein Stück weiter steht Luís de Camões auf seinem Sockel, der große Nationaldichter Portugals, der ebenfalls im 16. Jahrhundert in dem Epos *Die Lusiaden* die Triumphe der portugiesischen Entdecker und Eroberer feierte.

Noch in der *Rua Garrett* schauen wir bei der *Livraria Bertrand* herein – sie ist die älteste Buchhandlung der Welt. Sie besteht seit 1732, seit 1773 residiert sie in diesem Gebäude, das mit seinen hellblauen *Azulejos* zu den schönsten Häusern der Stadt gehört. Dass das Gebäude aus einer anderen Zeit stammt, sieht man im Inneren: Das Sortiment findet sich in fünf niedrigen, hintereinanderliegenden Gewölben. Der Vorteil: Die Regale sind deshalb nicht allzu hoch, als Kunde muss man keine mühsamen Klettertouren absolvieren, um durch das Angebot zu stöbern. Das ist übrigens alles andere als angestaubt. Von gängigen Bestsellern über Kinderliteratur bis zu ausgewählten Spezialtiteln zu Kunst oder Geschichte bleiben wenige Wünsche offen. Gleich im Eingangsbereich finden sich die Bücher, mit denen Reisende ihre Neugier

Fernando Pessoa hält einen Stuhl frei für Touristen

auf Lissabon befriedigen können. Als eine der wenigen Buchhandlungen in Lissabon bietet *Bertrand* auch fremdsprachige Bücher an; die große Zahl von Touristen, die hierherkommt, sorgt für guten Umsatz. *Bertrand* hat im Laufe seiner Geschichte häufig den Eigentümer gewechselt, für einige Jahre konnte sich auch der deutsche Medienriese Bertelsmann damit schmücken. Heute gehört das Unternehmen zum größten portugiesischen Verlagskonzern und hat inzwischen 50 Filialen im ganzen Land.

Bis vor Kurzem wären wir jetzt über den *Chiado* weitergegangen und nach rechts in die *Rua Norte* eingebogen. Dort, in einem ganz normalen Wohnhaus aus dem 19. Jahrhundert, hatte Filipa Valladares mit ihrer Buchhandlung *STET – livros & fotografias* ein Domizil gefunden. Im Herbst 2018 musste Filipa umziehen: Der Laden mit seiner exquisiten Lage wurde zur Ferienwohnung. Inzwischen hat sie aber eine neue Heimat im nördlichen Stadtteil *Alvalade* gefunden: »Natürlich hat uns die Kündigung hart getroffen, aber wir haben keinen schlechten Tausch gemacht«, findet sie. Ein großer Teil der alten Kundschaft wohnt sowieso nicht im Kern der Altstadt, sondern in Vierteln wie *Alvalade*, die ab Ende des 19. Jahrhunderts entstanden sind. »Außerdem gibt es hier jede Menge Büros von Grafikern, Designern und Architekten, also genau unsere Klientel«, sagt sie.

Der Name »STET« kommt aus der Fachsprache der Grafiker und Setzer: Wenn der Ausdruck auf einer Seite steht, ist sie druckfertig. Auch nach dem Umzug ist der Laden ein Paradies für Liebhaber von anspruchsvollen Fotobänden, Design und hochwertig gestalteten Büchern in Kleinstauflage. Wer den Weg hierher findet, ist in der Regel Stammkunde und weiß genau, was er sucht. In den vergangenen Jahren kamen aber auch immer mehr Ausländer in den Laden – Sammler oder Fachleute, aber auch viele ausländische Studenten, die in Lissabon ein Gastsemester absolvieren.

Die Idee für *STET* kam von einer Gruppe von Studenten. Seit 2011 gibt es den Laden, und Filipa ist von Anfang an dabei: »Wir wollten eine Spezialbuchhandlung für Fotobücher aufbauen, so etwas gab es damals in Lissabon noch nicht«, erzählt sie. Von Anfang an war das Sortiment international ausgerichtet, so manches Buch fand seinen Weg ins Regal über den Kofferraum oder das Handgepäck eines der Mitgründer. Filipa übernahm den Aufbau des Ladens, weil sie, anders als ihre Partner, bereits Erfahrungen in der Buchbranche hatte.

»Der Buchmarkt in Portugal ist klein, und der Markt für Fotobücher ist winzig«, sagt Filipa: »Mehr als zehn Exemplare eines Titels setzen wir nur in Ausnahmefällen ab.« Dabei helfen die vielen Veranstaltungen, bei denen STET dabei ist: »Wir machen eigentlich jede Woche bei einem Event mit, das wir entweder selbst organisieren oder bei dem wir den Buchverkauf machen – wenn ich nur hier im Laden auf Kundschaft warten würde, wäre das zu wenig.« Grundsätzlich ist das Geschäft nicht einfach: »Es gibt in Portugal keine besondere Kunstsammler-Tradition und die Leute, die Fotos sammeln, kaufen in der Regel keine Fotobücher, sondern Ausstellungskataloge.« Trotzdem machen einige wenige Sammler, die sehr viele Bücher kaufen, einen Hauptteil des Geschäfts aus, außerdem beliefert Filipa zahlreiche Institutionen wie das Gulbenkian-Museum und die Kulturstiftung der Elektrizitätsgesellschaft EDP in Lissabon, die Tate Gallery in London, das Centre Pompidou in Paris oder das Reina Sofia-Museum in Madrid.

»Fotografie an sich hat in Portugal keine Tradition, wir sind eher ein Land der Dichter«, sagt Filipa. Sowieso seien die *Lisboetas* nicht besonders visuell aufgestellt, und portugiesische Fotografen würden eher im Ausland nach Motiven suchen als in der Heimat. »Das Licht hier in Lissabon trägt auch dazu bei: Es ist sehr hart und fast weiß, das macht das Fotografieren schwierig.« Das könnte auch der Grund dafür sein, dass es ihrer Ansicht nach in den vergangenen 20 Jahren keinen wirklich bedeutenden Fotoband über Lissabon gegeben hat.

STET ist international angekommen und Filipa kann damit ihren Lebensunterhalt einigermaßen bestreiten – zumal sie auch noch unterrichtet und Ausstellungen und Fotobände kuratiert. Sie sieht ih-

Nächste Doppelseite: Älteste Buchhandlung der Welt: *Bertrand*

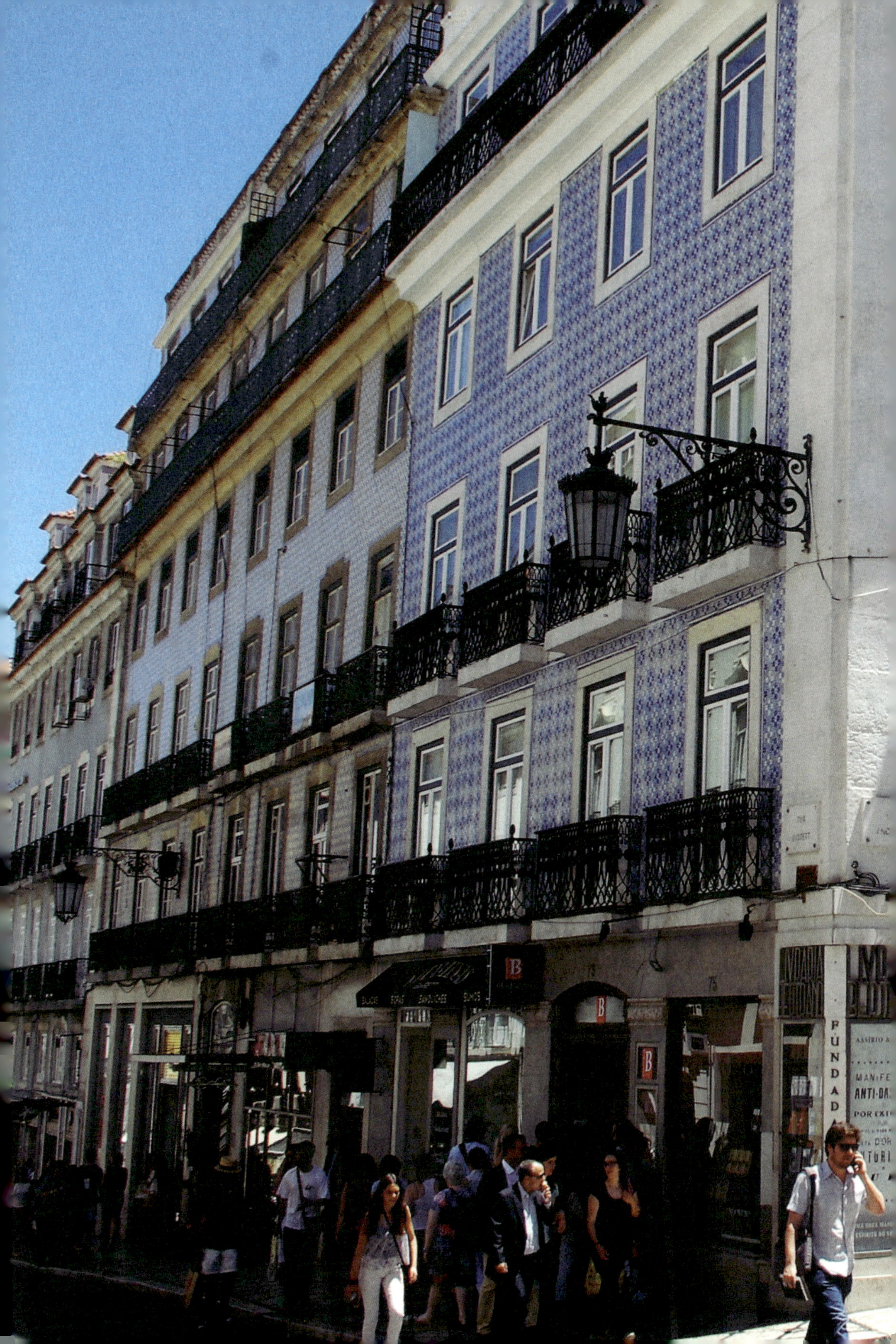

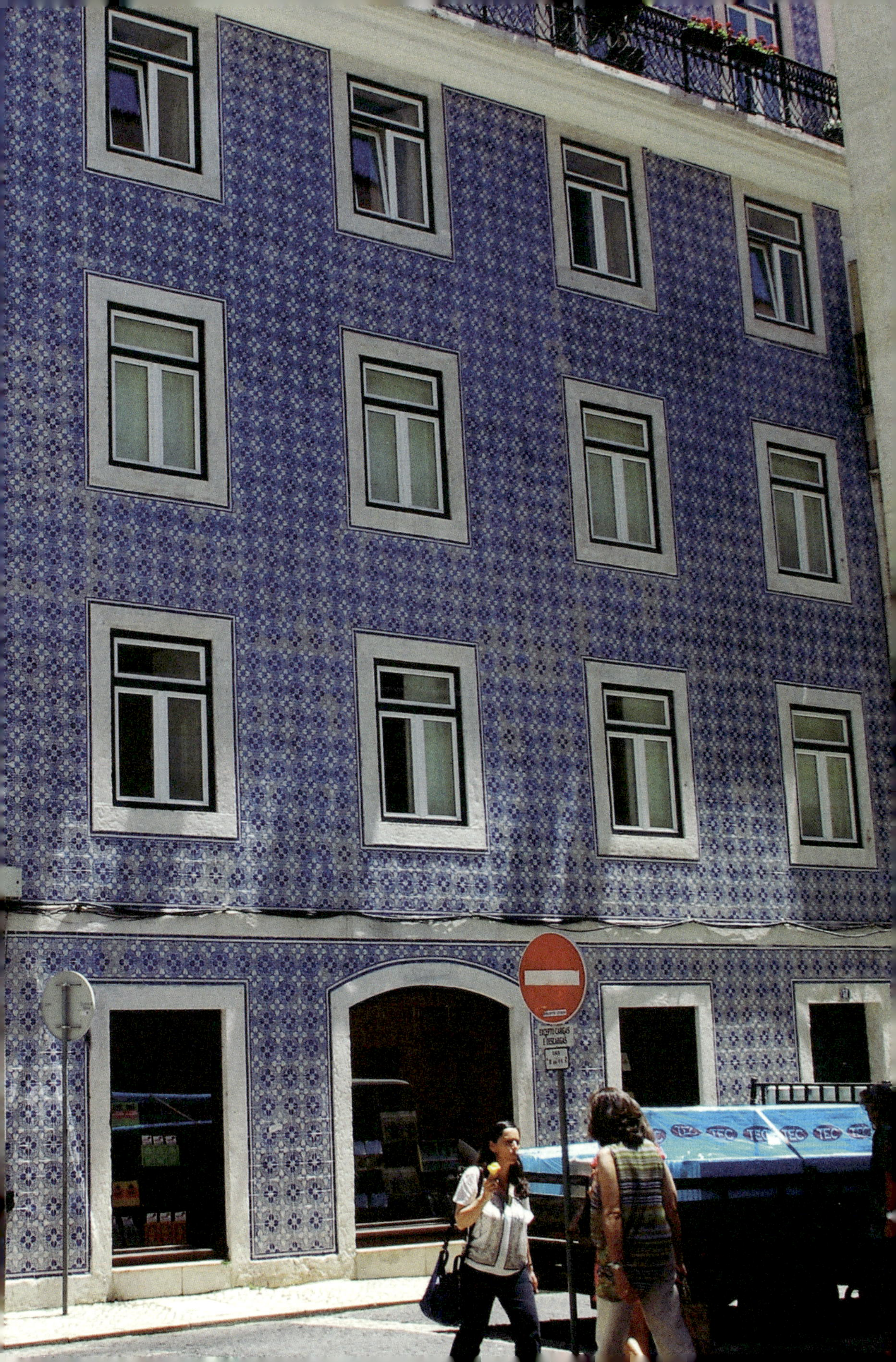
TEC

Filipa Valladares in ihrer Buchhandlung *STET*

Ana Coelho, *Palavra de Viajante*

re Arbeit aber auch als Beitrag dazu, die Kunstrichtung insgesamt in Portugal zu fördern. »Bis heute kann man Fotografie nicht an einer Kunstakademie studieren, da gibt es also noch einiges zu tun.« Und noch etwas bereitet ihr Freude: »Wenn ich mit unseren Büchern im Ausland unterwegs bin, dann bringe ich Lissabon mit, dann bringe ich ganz Portugal mit.«

Um zu unserer nächsten Station zu kommen, nehmen wir die Tram 28 und kommen schließlich im Stadtteil *São Bento* an, wo wir am Parlament aussteigen. Nur ein paar Schritte entfernt finden wir einen höchst erfreulichen Neuzugang unter Lissabons Buchhandlungen: Bevor Ana Coelho ihre *Palavra de Viajante* (*Wort des Reisenden*) eröffnete, suchte man in Portugals Hauptstadt vergeblich nach einer spezialisierten Reisebuchhandlung. Seit 2012 besteht das Geschäft, 2016 konnten die Räumlichkeiten erweitert werden – das Ergebnis kann sich sehen lassen: Hell, aufgeräumt und keineswegs überladen kommt die Fläche auf unterschiedlichen Ebenen daher, mit optisch deutlich voneinander abgetrennten Bereichen für Veranstaltungen, Leseecken und die eigentlichen Verkaufsbereiche. Was jetzt modern und klar wirkt, stellt eine beachtliche Leistung der Innenarchitekten dar: Eigentlich sind die Flächen in dem traditionellen Stadthaus aus dem 19. Jahrhundert extrem schmal und sehr tief geschnitten, Tageslicht kommt nur durch die Schaufenster in den Laden. Die Lösung: Drei nebeneinanderliegende Einheiten wurden zusammengelegt. Das Geschäft hat deshalb heute eigentlich gleich drei Hausnummern.

Das Sortiment bei *Palavra de Viajante* ist regional gegliedert: Neben typischen Reiseführern zu den einzelnen Orten und Ländern gibt es auch Belletristik, Sachbücher, Kochbücher, Wörterbücher oder Sprachkurse. »Das ist vor allem für die Kunden sehr praktisch«, erläutert Ana das Konzept. »Es erleichtert die Suche, und oft decken sich die Leute auch mit regionalen Hintergrundinformationen und Unterhaltungslektüre aus dem jeweiligen Land ein, obwohl sie eigentlich nur einen Reiseführer gesucht haben.« Der Erfolg von *Palavra de Viajante* hat natürlich mit der Spezialisierung auf das Thema Reise zu tun, die es in der Stadt an anderem Ort so nicht gibt.« »Aber auch die Lage in *São Bento* ist wichtig«, sagt Ana: »Dies ist einer der wohlhabendsten Stadtteile Lissabons. Das Parlament liegt nur einen Steinwurf entfernt, und das Diplomatenviertel *Lapa*, in dem viele Ausländer leben, befindet sich gleich angrenzend.«

Das macht es möglich, dass sie ein deutlich internationaleres Sortiment anbieten kann als ihre Kollegen: Da britische, französische oder deutsche Lieferanten in der Regel keine Rückgabe nicht verkaufter Bücher gestatten, scheuen viele portugiesische Buchhändler das Risiko, Bücher in Fremdsprachen ins Angebot zu nehmen. Sehr beliebt sind auch die regelmäßigen Lesungen, Informationsabende zu einzelnen Regionen und sonstigen Veranstaltungen; das Publikum ist sachkundig, zumeist verwickeln die Besucher die Vortragenden in intensive Diskussionen.

Um zu unserer nächsten Station zu kommen, nehmen wir den Bus und fahren nach Westen. Dort, im Stadtteil *Alcântara*, hat in einem Fabrikgelände aus dem 19. Jahrhundert seit einiger Zeit die Kreativszene Lissabons ein Zentrum gefunden, direkt am Fuße der *Brücke des 25. April* gelegen. Restaurants und Cafés gibt es hier, Designer- und Modeläden, viele »Co-Working«-Flächen, und der Anteil von Hipsterbärten bei jungen Männern ist beängstigend hoch.

LXFactory nennt sich die Sache, und, trotz all der coolen Designläden, ist *Ler Devagar* der mit Abstand größte Besuchermagnet. Der marode Schick des Ladens und die originelle Dekoration bringen Buchliebhaber in aller Welt zum Schwärmen; für die *New York Times* und den *Guardian* gehört *Ler Devagar* zu den schönsten Buchhandlungen der Welt. Dass ein Besuch bei *Ler Devagar* in dem Buch 36 *Stunden in Lissabon* als absolutes Muss aufgeführt wurde, hat auch geholfen: »Der Umsatz ist um gut 10 Prozent gestiegen«, sagt der Inhaber, José Pinho, mit einem breiten Grinsen.

Der Laden ist im Gebäude der ältesten Druckerei Lissabons untergekommen, und im Obergeschoss finden sich auch noch ein paar alte Maschinen und Modelle, die daran erinnern. Schon beim Betre-

Bücherpalast mit Schutzengel – *Ler Devagar*

José Pinho

ten des Geschäfts bleibt man unwillkürlich stehen und staunt: Fast 10 Meter hoch ist der Raum, die gegenüberliegende Wand, an der eine Treppe nach oben führt, ist bis unter die Decke mit einem gut gefüllten Bücherregal versehen. Allein die Vorstellung, dass man auf einer Leiter nach oben kraxelt, um sich ein Buch herauszufischen, macht schwindlig. Unter der Decke sind Drahtseile gespannt, auf denen ein Fahrrad fahrender Engel emsig seine Runden zieht. Wer lieber auf dem Boden bleibt, findet dort eine breite Auswahl aus Belletristik und Sachbüchern, und natürlich gibt es auch ein Café, das immer gut gefüllt ist – wenn ein *Lisboeta* eine *Bica* trinken kann, dann tut sie oder er das auch.

Der Erfolg von *Ler Devagar* beruht natürlich nicht nur auf dem Ladendesign: José gehört zu den rührigsten Gestalten der portugiesischen Buchszene, veranstaltet sehr häufig Lesungen, Diskussionsrunden, Kabarett und auch Live-Musik in seinem Laden. Er ist eigentlich immer dabei, wenn irgendwo im Land eine neue Leseinitiative oder ein neues Literaturfestival aus der Taufe gehoben wird, aktuell strickt er an einem Projekt, mit dem das Provinzstädtchen *Óbidos*, gut eine Autostunde nördlich von Lissabon, zu einer portugiesischen Variante des walisischen Bücherdorfs Hay-on-Wye entwickelt werden soll.

José mischt die Szene schon seit gut 20 Jahren auf: Bis Mitte der 90er-Jahre arbeitete er als Manager einer US-Firma in Lissabon und fragte sich irgendwann, was er eigentlich mit seinem Leben anfangen wollte. »Es gab zwei Möglichkeiten: Schäfer oder Buchhändler«, erzählt er. Die Schafe mussten auf ihn verzichten, 1998 eröffnete er *Ler Devagar*, mitten im Altstadtviertel *Bairro Alto*. Die Angebotsmischung aus Büchern, Café, Veranstaltungen, Kunstausstellungen und Musik gehörte von Anfang an zum Konzept – das war damals sensationell neu in Lissabon und brachte sofort eine große Stammkundschaft. Die ist *Ler Devagar* stets treu gefolgt – bevor die Buchhandlung in der *LXFactory* angekommen ist, hat sie zwischen Innenstadt und Universitätsviertel mehrfach den Standort gewechselt.

Hinter der Buchhandlung stehen heute 140 stille Teilhaber, die Pinho unterstützen, auch wenn seine Ideen anfangs ein wenig gewagt erscheinen mögen: Als ein altes Bordell im Vergnügungsviertel *Cais de Sodré* in ein Kulturzentrum mit Bar, Ausstellungs- und Veranstaltungsräumen umgewandelt wurde, schlug er vor, dort einen auf Erotika spezialisierten Ableger von *Ler Devagar* zu starten. Wangen erröteten, Augenbrauen wurden hochgezogen. Aber: »Die Sache läuft hervorragend«, sagt Pinho: »Zumindest in Lissabon sind wir inzwischen im 21. Jahrhundert angekommen.«

Das ist erfreulich. Aber *Ler Devagar* ist eine Ausnahme. Denn dem Buchhandel in Lissabon, wie in Portugal insgesamt, geht es schlecht, den Verlagen und Autoren ebenfalls. Wie sollte es auch anders sein? Die Arbeitslosigkeit ist hoch, die Löhne sind lausig. Bücher sind hier Luxus, den sich nicht viele leisten können. Glücklicherweise kommen die, die es sich leisten können, treu und brav in solch außergewöhnliche Buchhandlungen wie *Ler Devagar*.

DIE SICHT DES DICHTERS: JOÃO TORDO

Lissabon hat seine Schriftsteller immer geliebt und ihnen viele Denkmäler errichtet. Aber wie lebt es sich heutzutage in der Stadt, wenn man Bücher schreibt und davon leben will? »Mühsam. Man braucht viel Glück«, sagt João Tordo, mit dem ich mich vor einem Café im hübsch renovierten *Principe Real*-Viertel treffe. João gehört zu den wenigen Schriftstellern, denen zugetraut wird, in die Fußstapfen der großen alten Männer wie António Lobo Antunes oder José Saramago zu treten. Bisher hat er zehn Romane veröffentlicht. In Portugal werden sie viel gelesen und ordentlich verkauft, und nach und nach werden seine Bücher auch in andere Sprachen übersetzt.[6] Das verdanke er zu einem Teil sicherlich dem *Prémio José Saramago*, den er 2009 erhalten hat, meint er. Damit werden portugiesischsprachige Nachwuchsautoren gefördert: »Das meine ich mit ›Glück‹ – der Preis geht an Autoren unter 35 Jahren. Als ich ihn bekam, war ich 34 Jahre alt.«

João ist ein echter *Lisboeta*, hier geboren und aufgewachsen wie schon seine Eltern (sein Vater ist der Sänger und Komponist Fernando Tordo) und Großeltern, die allesamt aus der Stadt oder der nächsten Umgebung stammen. Und wer ein echter *Lisboeta* ist, der lässt auf seine Stadt nichts kommen, außer, er hat selbst etwas auszusetzen. »Klar gibt es einen Lissabonner Stadtpatriotismus, und eigentlich muss ein echter *Lisboeta* im Zentrum der Stadt geboren sein. Aber wir sind gnä-

---

[6] Auf Deutsch erschienen sind bisher die Romane *Stockmans Melodie* und *Die zufällige Biographie einer Liebe* (beide: Droemer Verlag).

João Tordo

dig, solange jemand mit Lissabonner Akzent spricht.« Selbst andere Portugiesen haben bisweilen Probleme mit dem harten, schnellen Genuschel der *Lisboetas*, und aus eigener Erfahrung kann ich nur sagen: Es ist für Ausländer ein hartes Stück Arbeit, bis man mit ihnen mithalten kann.

Als João auf die Welt kam, war Portugal seit etwas mehr als einem Jahr auf dem Weg in die Demokratie. Als Teenager fühlte er sich alles andere als wohl in seiner Stadt: »In den 1980er-Jahren waren die großen politischen Auseinandersetzungen vorbei, wir sind der EU beigetreten, die Wirtschaft boomte, und die Leuten wollten vor allem ihren Wohlstand zeigen, mit Markenklamotten und dicken Autos.« Ihm war das zuwider, aber, so sagt er schulterzuckend: »Die SUV-Kultur von heute ist ja auch nichts anderes.«

Deshalb war es für ihn eine Art Befreiung, als er zum Studium für ein paar Jahre nach London ging und dann auch noch ein knappes Jahr in New York dranhängte. Er studierte Philosophie. »Damit habe ich meine

Zukunft weggeworfen«, sagt er lachend. Eigentlich wollte er aber Journalist werden. »Ich habe schon als Kind Geschichten geschrieben, und ich dachte, dass man als Journalist Geschichten erzählen darf.« Tatsächlich arbeitete er einige Zeit für das inzwischen eingestellte Sonntagsmagazin *Independência*, bis ihn irgendwann sein Chef wegen eines seiner Artikel ins Gebet nahm: »Er sagte, dass mein Text zwar gut sei, aber schlichtweg nicht die Wahrheit. Da fiel mir auf, dass er recht hatte – die Geschichte war zwar keine Lüge, aber sie war Fiktion.« Das war der Moment, als er erkannte, dass er andere Sachen schreiben sollte: »Die Fakten waren mir nicht genug, ich wollte fantasieren.«

Für ihn sei es sehr gut gewesen, für einige Zeit Lissabon zu verlassen, ansonsten wäre es schwer gewesen, persönliche Unabhängigkeit zu erlangen und erwachsen zu werden. Der starke Familiensinn, der so typisch ist in Portugal, sei zwar schön und auch sehr wichtig, wenn es um Zusammenhalt geht, aber er setze auch recht enge Grenzen für die eigene Entwicklung.

Ist Lissabon für ihn als Schriftsteller wichtig? »Nein«, sagt er: »Ich bin kein ›Lissabonner‹ Autor, ich lebe nur hier. Wenn Lissabon auftaucht, dann als Instrument, als Kulisse für die Geschichte, die ich erzähle.« Es gebe so viele, so starke Romane und Erzählungen über Lissabon, dass er damit nicht konkurrieren wolle, und er nennt José Saramago und den Italiener Antonio Tabucchi als Beispiele. »Aber die beiden erzählen von einem anderen Lissabon, von einer anderen Zeit. Heute ist Lissabon zu modern, zu komplex. In meinen Romanen gibt es kein ›modernes‹ Leben – vielleicht bin ich dafür zu alt. Oder zu altmodisch. Das moderne Leben finde ich jedenfalls ziemlich unliterarisch. So ein Leben mit Facebook und den anderen Kanälen finde ich einfach uninteressant, ich könnte darüber nicht schreiben, nicht einmal als Satire. Ich wüsste nicht, wie ich das in eine Geschichte packen sollte.« Natürlich hat er trotzdem eine Website, nutzt sein iPhone, um sich zu organisieren, ist bei Facebook präsent. »Ich schaue fast jeden Tag dort nach. Warum ich das mache, weiß ich aber selbst nicht so recht.«

Womit wir beim Alltag angelangt sind und der von jedem Schriftsteller gefürchteten Frage, wie er das Schreiben angeht. »Wenn mir der Stoff für ein Buch einfällt, laufe ich damit ein paar Monate herum, bis ich die Kraft finde, zu schreiben. Das ist dann ziemlich intensiv und dauert drei oder vier Monate, danach brauche ich noch ein paar Monate für die Überarbeitung.« Grundsätzlich sei Schreiben eine einsame Sache: »Ich brauche Ruhe dafür, deshalb schreibe ich nicht im Café.« Aber auch in den intensiven Arbeitsphasen sucht er gezielt den Kontakt mit Freunden und Bekannten. »Am Abend bin ich sowieso nicht mehr fit genug zum Schreiben, das passt also. Diese Gespräche sind einfach wichtig, weil man in solchen Phasen leicht in Gefahr kommt, sich zu verlieren.«

Wie er mit seiner Erfahrung im Ausland das Lissabon von heute sieht, möchte ich wissen. »Die Stadt ist heute eine Art Abenteuerspielplatz, voll mit coolen Bars und vielen Ausländern, sehr lebendig, ständig geschieht etwas. So hätte ich mir die Stadt gewünscht, als ich 21 Jahre alt war.« Lissabon sei ein europäisches »Backwater« gewesen, und ein wenig wünscht er sich die Ruhe von damals zurück. Er fürchtet, dass der echte Massentourismus noch gar nicht begonnen hat und Lissabon auf dem Weg ist, sich die Probleme von Barcelona oder Venedig einzuhandeln, wo ganze Stadtviertel nicht mehr von Einheimischen bewohnt werden.

Was durchaus auch einmal den Stoff für einen Roman ergeben könnte.

LITERATUR IN PORTUGAL

Portugal lässt sich gerne als »Land der Dichter« bezeichnen. Ob aber die Behauptung stimmt, dass jeder Portugiese in seinem Leben wenigstens einmal ein Gedicht geschrieben hat, lässt sich nicht nachprüfen. Allerdings steht die Lyrik hier immer noch hoch im Kurs, und Dichterlesungen ziehen ein großes Publikum an.

Das 16. Jahrhundert, in dem der Nationaldichter Luís de Camões lebte, gilt als erste Blütezeit der portugiesischen Literatur. Camões mit seinem Epos *Os Lusíadas* und Fernão Mendes Pinto mit seiner *Peregrinação* (*Die seltsamen Reisen im fernsten Asien 1537–1558*) feierten den portugiesischen Entdeckerdrang.

Die literarische Romantik ist in Portugal mit Alexandre Herculano und Almeida Garrett verbunden. Herculano machte sich einen Namen mit historischen Romanen nach dem Vorbild Sir Walter Scotts. Almeida Garrett sezierte in seinen Komödien antiquierte Moralvorstellungen und handelte sich häufig Ärger mit der Kirche ein.

Die eigentliche moderne Literatur Portugals ist vor allem mit Eça de Queiroz verbunden, der in der zweiten Hälfte des 19. Jahrhunderts wirkte und oft als »portugiesischer Zola« bezeichnet wird. Ihm ist wesentlich die Abkehr von der Romantik und die Hinwendung zum Realismus zu danken. Sein Roman *O Primo Basílio* (*Der Vetter Basilio*) brachte ihm Weltruhm ein und wird auf einer Stufe mit *Anna Karenina* oder *Madame Bovary* genannt. Als Hauptwerk gilt die Familienchronik *Os Maias* (*Die Maias*).

Der Modernismus war die wichtigste literarische Strömung zu Beginn des 20. Jahrhunderts und brachte u. a. den bis heute bedeutendsten portugiesischen Schriftsteller hervor: Fernando Pessoa. Zu Lebzeiten Pessoas erschienen nur wenige seiner Gedichte, seine letzte Veröffentlichung, der Gedichtzyklus *Mensagem*, erschien 1927. 1935 starb Pessoa, schwer alkoholkrank, an Leberzirrhose. Nach seinem Tod wurde eine Truhe mit tausenden Manuskriptseiten entdeckt, die allmählich zu Büchern verarbeitet wurden. Sein bekanntestes Werk ist das *Livro do Desassossego* (*Das Buch der Unruhe*). An dem Manuskript hatte Pessoa ab 1915 zwanzig Jahre lang gearbeitet, das Buch wurde aber erst 1982 veröffentlicht.

Die Salazar-Zeit war von harter Zensur geprägt. Die herausragende Figur unter den regimekritischen Autoren war Miguel Torga (eigentlich Adolfo Correia da Rocha), der mehrfach inhaftiert wurde und die Brutalität des

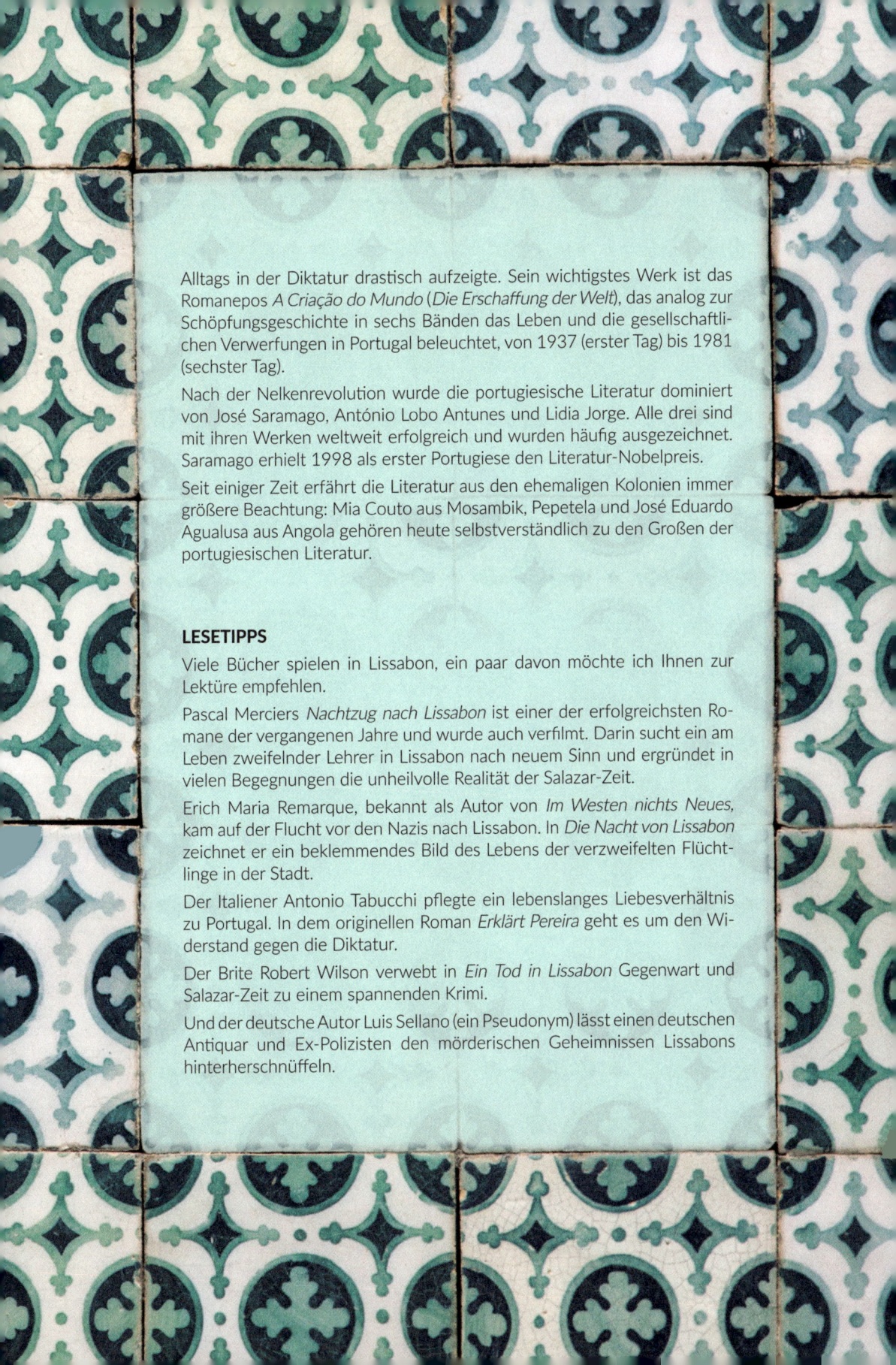

Alltags in der Diktatur drastisch aufzeigte. Sein wichtigstes Werk ist das Romanepos *A Criação do Mundo* (*Die Erschaffung der Welt*), das analog zur Schöpfungsgeschichte in sechs Bänden das Leben und die gesellschaftlichen Verwerfungen in Portugal beleuchtet, von 1937 (erster Tag) bis 1981 (sechster Tag).

Nach der Nelkenrevolution wurde die portugiesische Literatur dominiert von José Saramago, António Lobo Antunes und Lidia Jorge. Alle drei sind mit ihren Werken weltweit erfolgreich und wurden häufig ausgezeichnet. Saramago erhielt 1998 als erster Portugiese den Literatur-Nobelpreis.

Seit einiger Zeit erfährt die Literatur aus den ehemaligen Kolonien immer größere Beachtung: Mia Couto aus Mosambik, Pepetela und José Eduardo Agualusa aus Angola gehören heute selbstverständlich zu den Großen der portugiesischen Literatur.

LESETIPPS

Viele Bücher spielen in Lissabon, ein paar davon möchte ich Ihnen zur Lektüre empfehlen.

Pascal Merciers *Nachtzug nach Lissabon* ist einer der erfolgreichsten Romane der vergangenen Jahre und wurde auch verfilmt. Darin sucht ein am Leben zweifelnder Lehrer in Lissabon nach neuem Sinn und ergründet in vielen Begegnungen die unheilvolle Realität der Salazar-Zeit.

Erich Maria Remarque, bekannt als Autor von *Im Westen nichts Neues*, kam auf der Flucht vor den Nazis nach Lissabon. In *Die Nacht von Lissabon* zeichnet er ein beklemmendes Bild des Lebens der verzweifelten Flüchtlinge in der Stadt.

Der Italiener Antonio Tabucchi pflegte ein lebenslanges Liebesverhältnis zu Portugal. In dem originellen Roman *Erklärt Pereira* geht es um den Widerstand gegen die Diktatur.

Der Brite Robert Wilson verwebt in *Ein Tod in Lissabon* Gegenwart und Salazar-Zeit zu einem spannenden Krimi.

Und der deutsche Autor Luis Sellano (ein Pseudonym) lässt einen deutschen Antiquar und Ex-Polizisten den mörderischen Geheimnissen Lissabons hinterherschnüffeln.

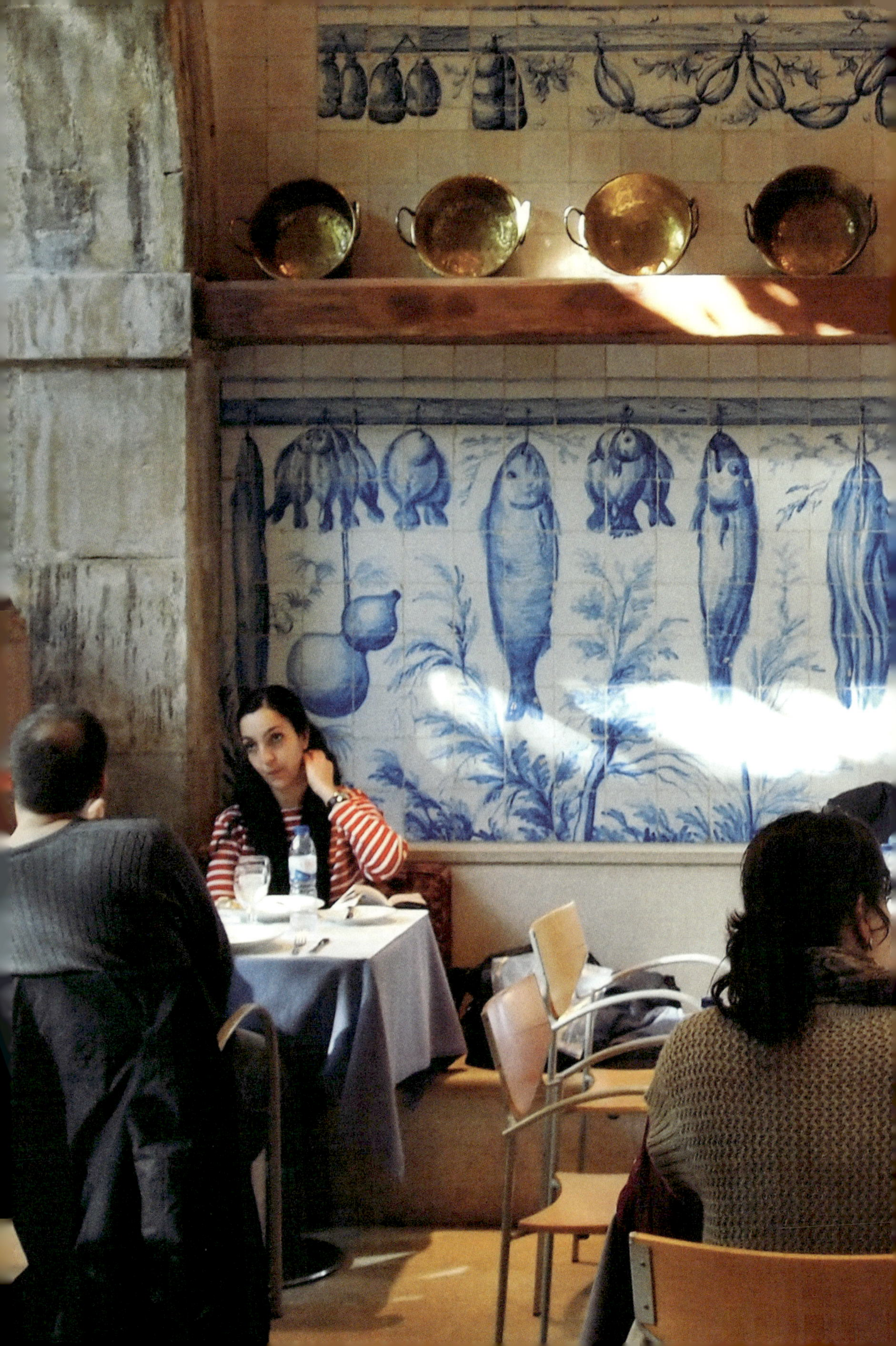

LISSABON FÜR LEIB UND MAGEN

Die portugiesische Küche gilt nicht als eine der großen Küchen der Welt. Meine Lissabonner Freunde werden jetzt zum Protest ansetzen, aber die Küche ist nun einmal geprägt von dem Land, und das gibt traditionell nicht allzu viel von dem her, was die Leichtigkeit etwa der mediterranen Küchen ausmacht. Eine ordentliche Portion portugiesischer Hausmannskost ist vielleicht der deutlichste Hinweis darauf, dass das Land eben nicht am Mittelmeer liegt. Trotzdem kann man in Lissabon schlemmen wie in wenigen anderen Städten. Ricardo Dias Felner wird uns erzählen, warum das so ist.

LISSABONNER KÜCHENWEISHEIT MIT RICARDO DIAS FELNER

Kennengelernt habe ich Ricardo vor ein paar Jahren, als er noch Chefredakteur der Lissabonner Ausgabe von *Time Out* war, dem Stadtmagazin, das eigentlich aus London stammt. Inzwischen hat er sich von seinem Job verabschiedet und widmet sich ganz seiner Leidenschaft: Essen und Trinken. »Wenn man eine Familie hat, überlegt man sich natürlich sehr genau, ob man eine feste Anstellung sausen lässt. Aber ich habe das nie bereut.« Heute schreibt er für verschiedene Zeitungen, ist in Rundfunk und Fernsehen präsent, berät Veranstalter von Gastro-Events, betreibt einen eigenen Food-Blog und führt zwei- oder dreimal im Monat Ausländer in die Geheimnisse der portugiesischen Küche ein.

»Meistens sind es Gruppen von sechs oder acht Leuten, die Mehrheit davon kommt aus den USA. Wir gehen gemeinsam zum Markt, kaufen ein, was wir später kochen, und ich erzähle den Leuten, was das eigentlich ist, was sie da sehen.« Einmal abgesehen von Obst und Gemüse, sehen portugiesische Lebensmittel oft sehr anders aus als in anderen Ländern – angefangen bei der Vielzahl der Wurstsorten, denen man ohne weiteres ansieht, dass sie nicht als Magerkost dienen können. »Wer nur im Supermarkt einkauft und die abgepackte Ware nimmt, weiß oft gar nicht, wie die Produkte eigentlich aussehen. Ich finde es immer lustig, wenn die Leute zum ersten Mal sehen, wie ein Tintenfisch aussieht, bevor er verarbeitet wird. Da machen viele sehr große Augen!«

Grundsätzlich ist die portugiesische Küche eine Arme-Leute-Küche, entsprechend spärlich sind oft die Zutaten, und entsprechend deftig

Ricardo Dias Felner

kommt sie oft daher: Eintopfgerichte mit viel Kohl und Öl und fettem Fleisch, die bereits erwähnten fetten Würste, der typische Lissaboner *Cozido*, ein kräftiger Eintopf mit Gemüse und Fleisch, die angeblich 1001 Rezepte für *Bacalhau,* den getrockneten Kabeljau – leicht verdaulich geht anders. Der Einfluss der ehemaligen Kolonien ist bei den Zutaten zwar präsent, außer dem allgegenwärtigen *Piri-Piri* ist das aber wenig exotisch. »Die Gewürze, die ab dem 16. Jahrhundert aus Asien und Afrika eingeführt wurden, waren viel zu teuer, um mit ihnen im Alltag zu kochen, das konnten sich nur die sehr reichen Leute leisten«, erläutert Ricardo. Bis heute sind Zwiebeln und Knoblauch die wichtigsten Geschmacksträger in der Lissaboner Alltagsküche.

»Kartoffeln und Paprika, Tomaten und Zuckerrohr, Pfefferschoten, Ingwer und Koriander, Kokosmilch, Yams und Okra kamen über Lissabon nach Europa«, sagt Ricardo. Auch der Tee fand seinen Weg aus Asien nach England und Nordeuropa über Portugal: Als 1662 die portugiesische Prinzessin Catarina de Bragança den englischen König

Charles II. heiratete, bestand sie darauf, dass auch ihr Lieblingsgetränk den Weg auf die Insel in der Nordsee antrat. In Portugal heißt »Tee« übrigens *Chá* wie in den meisten Ländern, in denen er angebaut wird. Schöne Anekdote: Angeblich stempelten die portugiesischen Händler auf die für den Export bestimmten Teekisten ein »T« für *transporte* – daher soll der in Nordeuropa übliche Begriff kommen. Ob's stimmt, weiß ich nicht.

Obwohl – oder vielleicht: weil – viele portugiesische Speisen sehr bodenständig daherkommen, sind die Portugiesen doch sehr stolz darauf: »*comer e beber*« ist wichtiger Bestandteil des Lebens und der Identität, und essen und trinken tut man besonders gerne im Kreis von Familie und Freunden – da wird dann auch gerne einmal für 20 Leute oder mehr gekocht. Grundsätzlich gibt man auch gerne Geld aus für das Essen, rund 30 Prozent des Einkommens gehen dafür drauf. Man geht gerne in Restaurants, das Leben ist nicht vorstellbar ohne Cafés und *Pastelarias*. Portugal hat davon übrigens die höchste Zahl pro Kopf der Bevölkerung in der Europäischen Union: Ein Café kommt auf 130 Portugiesen, im Rest der EU ist das Verhältnis eins zu 370.

Wie in vielen Ländern Südeuropas fällt das Frühstück (*pequeno almoço*) bei den meisten *Lisboetas* sehr bescheiden aus: Zu Hause gibt es oft gar nichts, auf dem Weg zur Arbeit stürzt man eine schnelle *Bica* (Espresso), einen *Galão* (Milchkaffee) oder eine andere der gut ein Dutzend Kaffee-Zubereitungsarten herunter, dazu gibt's vielleicht ein süßes Stückchen oder eine *Torrada* (Röstbrot mit Salzbutter). Das Mittagessen (*almoço*) ist dagegen für die meisten Leute das wichtigste Essen des Tages – für Büroarbeiter in den Städten besteht es zwar oft auch nur aus einem rasch heruntergeschlungenen Sandwich, aber, wann immer es möglich ist, nimmt man sich die Zeit für eine ausgiebige Mahlzeit mit drei Gängen und dem einen oder anderen Gläschen Wein.

Auch das Abendessen (*jantar*) wird hochgehalten, schließlich versammelt sich dafür die Familie. Gegessen wird gegen 20 Uhr oder noch später, und nichts hindert einen daran, im Anschluss noch Freunde zu besuchen, wo ab 23 Uhr Drinks eingenommen werden. Es sollte sich deshalb niemand wundern, nachts um 2 Uhr noch eine ziemliche Menge Leute zu sehen, die ihre Hunde Gassi führen – schlafen wird, jedenfalls von den *Lisboetas*, nicht unbedingt überschätzt.

Mittags und abends gehören ein, zwei Gläser Wein eigentlich zwingend zur Mahlzeit – aber dabei bleibt es dann auch. Alkohol wird in Portugal zwar regelmäßig, aber eben mäßig konsumiert und auch in den Bierkneipen ist es ganz normal und keineswegs »unmännlich«, nach zwei Bier umzusteigen auf Wasser oder Kaffee. Wer des nachts Betrunkene durch Lissabon taumeln sieht, kann getrost davon ausgehen, dass es sich dabei zumeist um Ausländer handelt.

Was denn die »typische« Lissabonner Küche ist, will ich wissen. Ricardo drückt sich zunächst: »Das ist gar nicht so einfach zu sagen, heute gibt es eigentlich keine Küche der Welt, die in Lissabon nicht vertreten wäre, ob es Curries aus Goa sind, *Cachupa* von den Kapverdischen Inseln oder *Feijoada* aus Brasilien.« Österreichische Kuchenspezialitäten, Käsekrainer oder Bockwurst gibt es übrigens auch. Lissabon ist in den vergangenen Jahren auch zu einem Mekka für Burgerfans geworden, wobei diese Kreationen rein gar nichts zu tun haben mit den faden Fleischklopsen, die man von den großen US-Ketten kennt: Die Lissabonner Burger werden aus allen möglichen Fleisch- und Fischsorten hergestellt, dazu gibt es Saucen aus Tomaten, Piri-Piri oder Koriander, als Auflage dienen Papaya oder Avocado und was man sonst noch so alles zwischen zwei Brötchenhälften klemmen kann.

Ich versuche es noch einmal mit den typischen Lissabonner Gerichten. »Für mich ist ein typisches Lissabonner Gericht der *Bacalhau à Bras* – das ist Stockfisch, gekocht und klein gezupft, mit Zwiebeln, Knoblauch, Oliven und Streichholzkartoffeln, das Ganze mit Ei gemischt und gebacken. Ganz typisch sind auch die vielen Meeresfrüchte. Du musst unbedingt einmal *Amêijoas à Bulhão Pato* probieren, das sind Venusmuscheln in einem Sud aus Olivenöl, Zitronensaft und Wein, mit viel Knoblauch und Koriander. Unser Brot ist toll, und

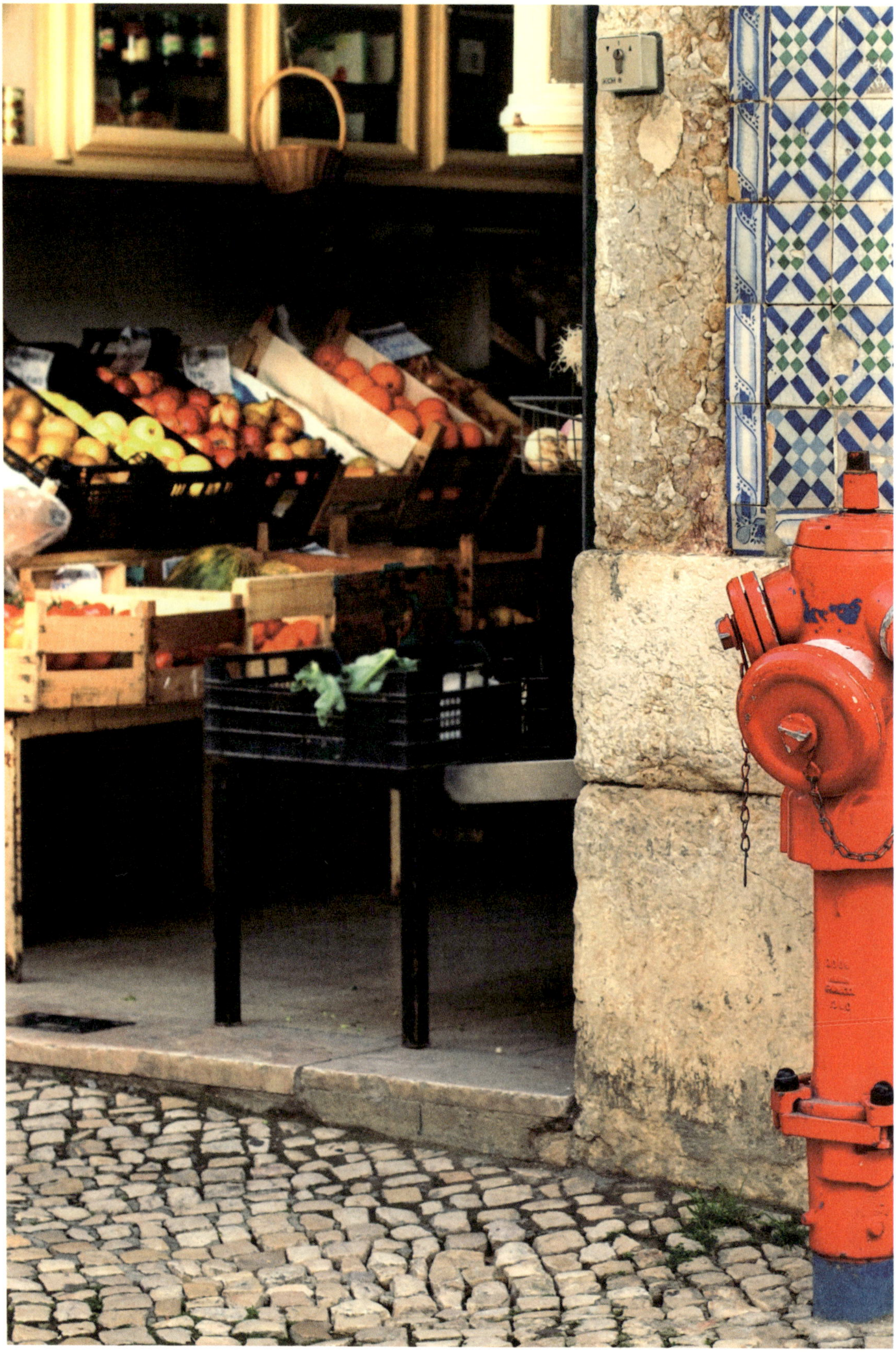

unsere Sandwiches sind klasse, egal ob Du eins mit *Prego*, mit *Leitão* oder eine *Bifana* isst – das erste ist ein dünnes Rindersteak, das zweite Spanferkel, das dritte mariniertes Schweinefleisch.«

Das war doch jetzt recht erfolgreich. *Prego* heißt übrigens eigentlich »Nagel«, der Name dieser Spezialität verdankt sich wohl der Tatsache, dass das Fleisch früher so zäh war, dass man ewig darauf herumhämmern musste, um es essen zu können. Typischerweise ist das *Prego* übrigens etwas, das ein echter *Lisboeta* nach einer ordentlichen Meeresfrüchte-Mahlzeit verdrückt – wieso, konnte mir Ricardo auch nicht erklären.

Natürlich durfte in Ricardos Aufzählung der *fiel amigo*, der »treue Freund« aller Portugiesen, nicht fehlen: *Bacalhau* ist bis heute das unumstrittene Nationalgericht. Zwei oder drei der angeblich 1001 Zubereitungsarten hat jedes Restaurant auf der Karte, und auch zu Weihnachten muss es unbedingt *Bacalhau* geben. Ursprünglich wurde der Kabeljau von portugiesischen Fischern aus dem Atlantik gezogen, noch an Bord eingesalzen und dadurch haltbar gemacht – er hielt sich fast ewig. Ohne den *fiel amigo* wären die Expeditionen der portugiesischen Seefahrer in Richtung Afrika, Asien und Südamerika unmöglich gewesen.

Apropos Reisen: Welche Speisen er vermisst, wenn er im Ausland ist, frage ich Ricardo. »Unser Brot. *Bacalhau*. Und die Gemüseeintöpfe. Bei denen weiß niemand so genau, was eigentlich drin ist, Kartoffeln und Kohl und Zwiebeln, verschiedene Bohnensorten, Tomaten – was man halt so rumliegen hat. Aber es schmeckt immer köstlich.«

Wir verabschieden uns. Auf dem Nachhauseweg nehme ich eine Tüte Röstkastanien mit. Sobald die Händler mit ihren Öfchen auftauchen, ist der Sommer in Lissabon vorbei. Und damit kennen Sie auch meine »typische« Lissabonner Speise.

Obstmarkt in Lissabon

LEIB UND SEELE ZUSAMMENHALTEN: TELMO MELLERT

Sie haben bemerkt, dass mir das Thema Essen wichtig ist, weshalb es sich gut traf, dass ich schon ein paar Tage nach meiner Ankunft in Lissabon Telmo Mellert begegnet bin. Denn Telmo ist Koch, und das mit ganzem Herzen: »Ich denke ständig ans Essen«, sagt er, und er tüftelt zu Hause auch ständig an neuen Kreationen herum. Dabei hat er niemals eine »richtige« Ausbildung als Koch absolviert: Er hat in Lissabon und Großbritannien Marketing studiert und jahrelang auch in diesem Beruf gearbeitet. Erst im zarten Alter von 35 Jahren beschloss er, seine Leidenschaft zum Beruf zu machen. »Ich hatte immer schon für meine Freunde gekocht, und das hat mir riesigen Spaß gemacht. Eines Tages fragte mich dann einer dieser Freunde, ob ich die Küche in einem Restaurant übernehmen möchte, das er eröffnen würde.« Telmo musste nicht lange überlegen, ließ Marketing Marketing sein und begann, den Kochlöffel zu schwingen.

»Ich hatte nicht die geringste Ahnung davon, was es heißt, eine Profiküche zu schmeißen«, sagt er heute und bedauert rückblickend vor allem die Gäste: »Dass jemand mehr als eine Stunde lang auf sein Essen warten musste, war völlig normal.« Anfängerfehler: »Ich wollte zeigen, was ich draufhabe und habe alles viel zu kompliziert gemacht.«

Inzwischen hat Telmo allerdings als Profikoch auf die Füße gefunden, auch weil er sich eine ebenso rigorose wie unkonventionelle Art der Ausbildung verschrieb: »Ich bin selten länger als drei Monate in einem Restaurant geblieben, habe gewechselt, sobald ich dachte, dass

Künstler am Topf: Telmo Mellert

ich nicht mehr viel dazulernen kann.« Dabei kam er ordentlich herum: In zehn Jahren kam er auf mehr als 30 Anstellungen, kochte in portugiesischen, französischen, chinesischen Restaurants, arbeitete in Billig-Kaschemmen ebenso wie in Sterne-Restaurants. »In den Höllenlöchern habe ich besonders viel gelernt. Nämlich was man auf gar keinen Fall machen darf«, erzählt er grinsend und ergänzt: »Ganz egal auf welchem Niveau gearbeitet wird, der Druck ist enorm hoch, man muss schnell und zuverlässig liefern, sonst gibt es Ärger.« Dabei wird der Tonfall bisweilen recht derbe, aber: »Die wirklich guten Köche führen ihre Küche harmonisch und ohne Brüllerei, und die Ergebnisse sind dann einfach besser. Wer den Brüllaffen macht, ist meistens überfordert und reagiert sich damit ab.«

Gute Köche sind rar, gute Chefköche sind noch schwieriger zu finden. Dank des Touristenbooms haben die Lissabonner Restaurants seit Jahren Hochkonjunktur, und auch die *Lisboetas* selbst nutzen jede Gelegenheit, um essen zu gehen. Das bedeutet für Telmo, dass er sich weiterhin die Jobs aussuchen kann und dafür auch ordentlich bezahlt wird: Chefköche verdienen in Lissabon ausgesprochen gut, deutlich mehr als Lehrer oder Anwälte.

Wenn jemand im Alter von 35 Jahren sein Leben so umkrempelt, wie Telmo das getan hat, sorgt das oft für Stirnrunzeln bei Freunden und Familie. »Meine Freunde fanden das prima, weil sie ja wussten, wie gerne ich koche. Und meine Familie wusste, dass ich in meinem Marketing-Job unglücklich war, sie haben mich deshalb sehr unterstützt«, erzählt er. Dabei war es nicht von Bedeutung, dass die Familie selbst ein Restaurant besessen hat: »Das hat in meiner Jugend keinerlei Rolle gespielt. Das Restaurant war verpachtet, in meiner Familie war Kochen nie ein Thema, und ich habe auch nichts Besonderes von meiner Mutter oder Großmutter lernen können.«

Um seine Küche zu unterscheiden, setzt Telmo auf »richtiges Essen«, wie er es nennt: traditionelle portugiesische Gerichte, modern interpretiert und, wenn immer möglich, im Slow-Cooking-Verfahren zubereitet. »Slow Cooking finde ich hervorragend, denn es bedeutet, dass man mit seinen Zutaten sorgsam und mit Respekt umgeht. Für Restaurantküchen ist es auch sehr gut geeignet: Die Zubereitung dauert zwar eine ganze Weile, aber wenn das Gericht dann einmal fertig ist, gibt es keine Hektik mehr. Wenn man Hamburger oder Steaks brät, ist das anders.«

Seit einigen Jahren blickt Telmo nun auch schon von der falschen Seite auf die »40«, und er macht sich durchaus Gedanken, wie es weitergehen soll. »Man kann nicht bis in die Ewigkeit zwölf Stunden am Tag auf den Füßen sein, und ich werde mit 60 sicher nicht mehr in der Küche stehen.« Irgendwann möchte er ein eigenes Restaurant eröffnen, und er ist dem Ziel, der täglichen Küchenarbeit zu entkommen, ein Stück nähergekommen: Als »Executive Chef« koordiniert er eine kleine Restaurantkette im Auftrag des Besitzers.

JOÃO CASTANHEIRA: NÄSCHEN FÜR SÜSSKRAM

»Lissabon ist die Stadt der Süßigkeiten,
genauso wie Paris die Stadt der Intellektuellen ist.
Paris fabriziert Ideen, Lissabon Törtchen.«
Eça de Queiroz

Wenn es eine Liga der europäischen Süßmäuler gäbe, dann würden die Lissabonner ganz sicher einen Spitzenplatz einnehmen.[7] Ganz egal, wo man sich in der Stadt bewegt, die nächste *Pastelaria* ist selten mehr als ein paar Schritte entfernt. Von morgens bis abends erfreuen sie sich regen Zuspruchs der Kundschaft, die – zumeist noch an der Theke – ihre Croissants mit Schokolade oder Pudding, Rosinenschnecken oder Küchlein verspeisen. Der größte Hit, der absolute König des Süßkrams, ist aber der *Pastel de Nata*, ein Blätterteigtörtchen mit einer Creme aus Eigelb, Zucker und Sahne. Der Legende nach verdanken wir diese Köstlichkeit der Tatsache, dass die Nonnen in den Klöstern Unmengen von Eiweiß zum Klären von Wein und zum Stärken ihrer Wäsche brauchten und sich etwas einfallen lassen mussten, um das Eigelb nicht einfach wegwerfen zu müssen. Neben den *Pasteis* können Sie heute auch Köstlichkeiten mit solch klingenden Namen wie *Bar-*

---

[7] Der Zuckerverbrauch in Portugal liegt bei knapp 80 Gramm pro Tag. Das ist zwar mehr als dreimal so viel wie die Weltgesundheitsorganisation vorschlägt, aber doch deutlich weniger als in Deutschland, wo 131 Gramm pro Tag anfallen.

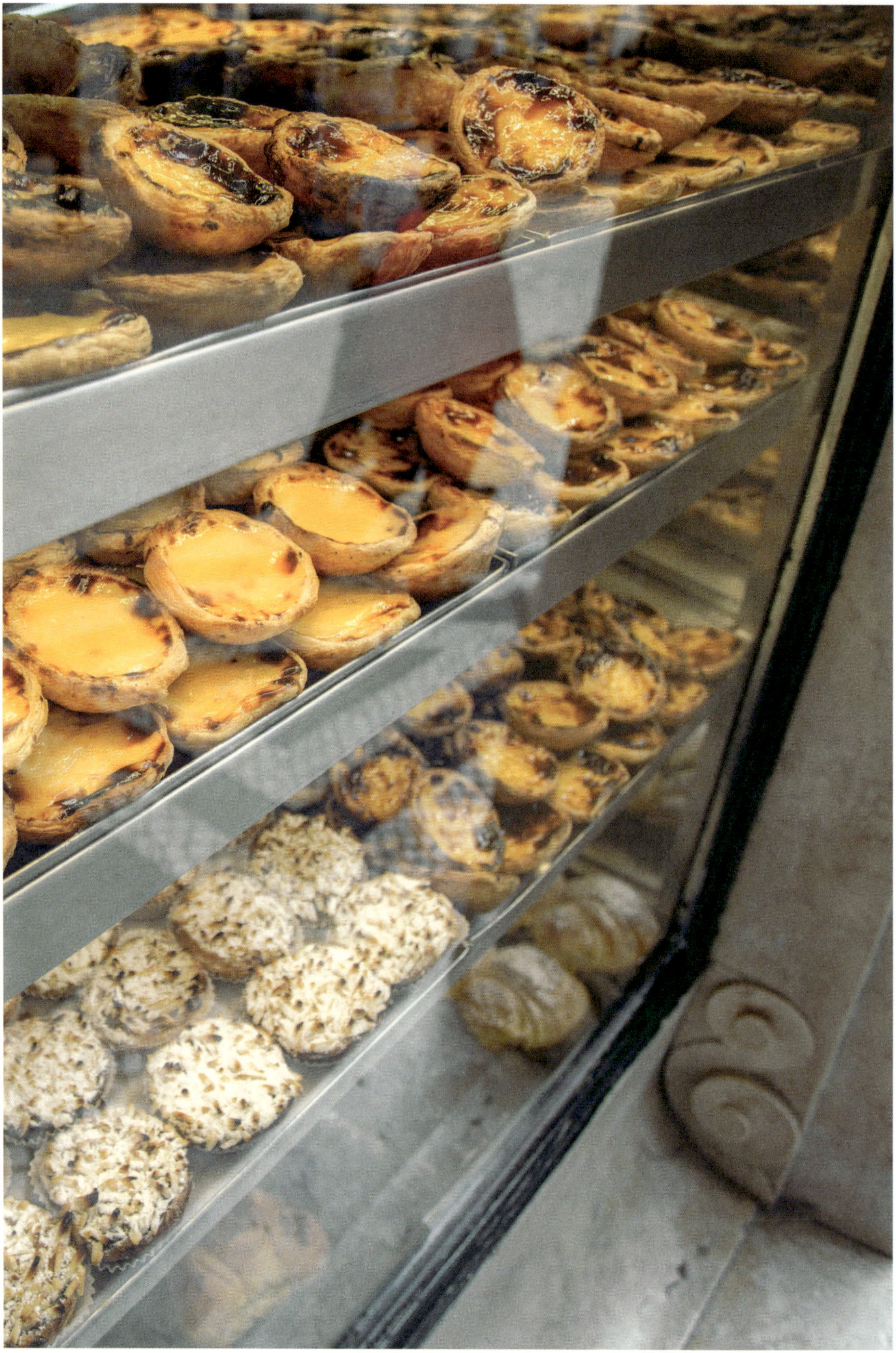

riga de Freira (Nonnenbauch), Toucinhas do Céu (Himmelsspeck), Sopapo do Convento (Kinnhaken aus dem Kloster) oder Pescoças de Freira (Nonnenhälse) erwerben.

Aber, wie gesagt, der König der Süßigkeiten ist der Pastel de Nata. Das Rezept ist einfach, die Herstellung ebenso, der Preis hält sich in Grenzen: Selten wird für ein Pastel mehr als ein Euro verlangt. Kein Wunder also, dass die Pasteis de Nata jedes Jahr millionenfach über die Theken der Pastelarias gehen, nicht nur in Lissabon, sondern überall in Portugal und seit einigen Jahren auch im Ausland.

Wie viele davon João Castanheira in den Filialen seiner Pastelaria Aloma absetzt, verrät er nicht. Nur so viel sagt er: »Es sind enorm viele.« Nicht alle Konkurrenten sind so geheimniskrämerisch. Die von manchen verbreiteten Zahlen bringen ihn zum Schmunzeln: »Wenn ich deren Läden und Bäckereien sehe, kann ich abschätzen, wie dicht die offiziellen Zahlen an der Wahrheit dran sind. Meistens ist das ein ordentlicher Abstand.«

Dem Umsatz war sicherlich nicht abträglich, dass Aloma seit 2012 schon dreimal den jährlichen Wettbewerb für die besten Pasteis in Lissabon gewonnen hat. »Nach der ersten Auszeichnung standen die Leute rund um den Block. Sogar die Polizei musste kommen, um die Straße frei zu halten.« Die Sache lohnt sich für ihn, der 2009 die Traditionsbäckerei übernommen und seither das Geschäft kräftig ausgebaut hat: Acht Filialen gibt es inzwischen in Lissabon, eine weitere in den Galleries Lafayette in Paris. Demnächst sollen Franchise-Filialen in neun arabischen Ländern dazu kommen – ein kanadischer Hamburgerkönig mit arabischen Wurzeln war bei einem Lissabon-Besuch auf den Geschmack gekommen. Sogar in Libyen soll es Pasteis nach dem Rezept von Aloma geben. »Ich werde aber garantiert keinen Fuß dorthin setzen«, sagt João.

Das Hauptgeschäft von Aloma ist erstaunlich klein. Es liegt in Campo de Ourique, ein bürgerliches Viertel, das im Gegensatz zu den meisten Teilen der Lissaboner Altstadt beinahe flach ist. Die Straßen sind deutlich breiter und wirken mit ihren vielen Bäumen fast schon präch-

Über allem Süßkram thront der Pastel de Nata

tig. Gute Restaurants gibt es hier, die *Casa Pessoa* ist ebenso in der Nähe gelegen wie der *Mercado de Ourique* und der Parkfriedhof *Prazeres*, der den historischen Trambahnlinien 25E und 28E als Endstation dient. Trotz dieser Attraktionen liegt das *Aloma* abseits der Touristenströme, man läuft hier nicht einfach so vorbei.

Ich komme am frühen Nachmittag ins *Aloma* und treffe einen entspannten, jugendlich-fröhlichen Chef, der beim Reden viel lacht und gerne auch einmal einen Witz über sich selbst einstreut. Der Mittags-Ansturm ist vorbei, die Vitrinen werden umdekoriert, der Abstand zwischen den Espressotässchen im Fenster wird genau abgemessen, ein paar Leckereien werden herausgenommen, andere kommen hinein. Ein paar Leute dehnen ihre Mittagspause aus, verputzen Süßkram und eine schnelle *Bica* an der Theke, ein Touristenpärchen sitzt an einem der sieben Tische und verzehrt mit verzücktem Blick – natürlich – ein paar *Pasteis*. Zwei ältere Damen lassen sich gleich ein halbes Dutzend Gebäckstücke einpacken, so wie das in fast allen *Pastelarias* üblich ist.

Die *Pastelaria Aloma* wurde 1943 gegründet, für den Namen stand der Film *Aloma of the South Seas* (1941) mit Dorothy Lamour Pate: Dieser Tradition zahlt die Dekoration Tribut durch das Originalplakat des Films und allerlei historische Gerätschaften zur Filmproduktion in den Vitrinen. Weil die Dekorateure offensichtlich ihren Job verstehen, wirkt das allerdings nicht angestaubt und vollgestopft, sondern aufgeräumt und hell. Nur der abgetretene Fliesenboden zollt den vielen Füßen Tribut, die im vergangenen Dreivierteljahrhundert über ihn gelaufen sind.

Im krisengeschüttelten Portugal gibt es eine ganze Reihe von jüngeren Unternehmern wie João, die mit Initiative, Energie, klarer Konzeption und Intelligenz ihr Geschäft betreiben. Lissabon hat eine der muntersten Start-Up-Szenen in Europa, von IT über Design bis Mode und Gastronomie. Ob die Wirtschaftskrise dabei hilft, solche kreativen Kräfte freizusetzen, mag man durchaus diskutieren: Es gibt hier nun einmal kaum noch sichere Angestelltenjobs für gut ausgebildete junge Leute, Selbständigkeit ist für viele die einzige Option.

Chef im Reich der Törtchen: João Castanheira

ALOMA
O Melhor Pastel de Nata
ATENÇÃO
CCTV
em funcionamento
AMOR
RECOMENDADO
tripadvisor
O MELHOR PASTEL DE NATA
1º
CAFÉS
RECICLAGEM

Bei João lag die Sache anders: Für sein BWL-Studium fehlte ihm die Geduld; er brach ab und stieg in die Geschäfte seiner Familie ein, leitete deren Apotheken und hat auch mit Schuhgeschäften und einem Schlüsseldienst sein Geld verdient, bevor er *Aloma* übernahm. Dass er vom Backen nicht allzu viel versteht, gibt er gerne zu. »Aber hier habe ich wirklich mein Glück gefunden«, sagt er, obwohl der Markt schwierig ist. Keiner weiß, wie viele *Pastelarias* es in Lissabon gibt, und die Kunden sind beim Preis sehr sensibel. Deshalb hält er, trotz der Auszeichnungen, die Preise in seinen Geschäften niedrig: Eine *Bica* mit *Pastel* kostet 1,60 Euro. »Wenn ich einen Euro für ein *Pastel* verlange, verkaufe ich wesentlich mehr als zum Preis von 1,10 Euro. Wenn ich noch mehr verlange, habe ich keine Kunden mehr«, sagt er. Auch Kaffee ist übrigens vergleichsweise billig: Außerhalb der Touristenzonen in der *Baixa* und am *Chiado* zahlt man in Lissabon selten mehr als 50 oder 60 Cent für eine *Bica*. Das ist für die *Lisboetas* wichtig: Angeblich werden 80 Prozent des Kaffees hier außerhalb der eigenen vier Wände konsumiert.

Wer ausgerechnet 2009, in einer Zeit also, in der Portugal wirtschaftlich darniederlag, sein Geld in den lokalen Einzelhandel steckte, wurde durchaus mit Verwunderung betrachtet. Zu dieser Zeit schaffte eigentlich jeder, der es konnte, sein Geld ins Ausland. Anders João: »Es gibt ein paar Konstanten im Alltag, die wichtig sind, wenn man Einzelhandel betreibt. Jeder braucht irgendwann Medikamente, also funktionieren Apotheken auch in der Krise. Jeder muss Lebensmittel einkaufen, deshalb funktionieren Supermärkte. Und für uns Portugiesen ist ein Leben ohne einen schnellen Kaffee und etwas Süßes dazu schlichtweg nicht vorstellbar.«

Wie sich zeigte, hatte er damit den richtigen Riecher. Aber er ist skeptisch, was die langfristige Entwicklung der portugiesischen Wirtschaft angeht. Die Expansion im Ausland ist für ihn deshalb ein wichtiger Teil der zukünftigen Strategie. Die Konkurrenz unter den *Pastelarias* ist heftig, und man beharkt sich nicht nur über den Preis: Anonyme Anzeigen bei der Gewerbeüberwachung sind Alltag. Wenn die Inspekteure kommen, gilt ihr erster Blick dem Reklamationsbuch, das jeder gastronomische Betrieb in Portugal führen muss. »Bei uns gab es noch nie Beanstandungen«, sagt João. Für ihn sind solche schmutzigen Tricks aber auch Anzeichen dafür, dass es nicht allen Betrieben in der Branche wirklich gut geht: »Wir stecken in einem Bereich, wo wir nur kleine Preise verlangen können und deshalb nur kleine Gewinnspannen erzielen«, sagt er.

Deshalb beobachtet er die Entwicklungen seiner Filialen mit Argusaugen: »Es gibt ja das Modell, in dem stärkere Filialen die schwächeren mit durchziehen. Das mache ich nicht«, sagt er und erklärt: »Jede einzelne Filiale muss selbst profitabel sein, sonst werde ich sie schließen. Wenn ein Eimer ein Loch hat, nützt es ja auch nichts, ständig mehr Wasser hineinzugießen – man muss das Loch stopfen.«

Dramatisch wurde es 2014, als die damalige konservative portugiesische Regierung auf Druck der EU-Troika den ermäßigten Mehrwertsteuersatz für die Gastronomie abschaffte. Statt 13 Prozent wurden über Nacht plötzlich 23 Prozent Mehrwertsteuer fällig. »Das kann man an die Kundschaft nicht weitergeben, und für viele Betriebe ist die Luft dadurch sehr dünn geworden.« Dazu kam die Verpflichtung, in neue Kassensysteme zu investieren, mit denen die Finanzbehörden tagesaktuell die Umsätze kontrollieren können. Einmalig in Europa: Wer eine »ordentliche« Rechnung haben will, muss seine eigene Steuernummer angeben – die Großen Brüder im Finanzministerium sehen also nicht nur, was verkauft wird, sondern auch noch, wer es kauft.

Tatsächlich mussten seit 2014 viele kleinere Betriebe in der Gastronomie aufgeben, was das Heer der wenig qualifizierten Arbeitslosen enorm anschwellen ließ. Ob der lautstarke und andauernde Protest der Hotel- und Gaststättenbetreiber schließlich die Einsicht brachte oder ob ein Anflug von gesundem Menschenverstand die aktuelle Linksregierung erfasste, wissen wir nicht. Jedenfalls sah man ein, dass die Idee mit der Steuererhöhung eine ziemlich blödsinnige war: Seit April 2016 gilt in der Gastronomie wieder der ermäßigte Mehrwertsteuersatz. »Es ist gut, dass die Politiker eingesehen haben, wie groß der Schaden ist, den sie angerichtet haben«, sagt João. Aber: So wie er die Mehrwertsteuererhöhung nicht an die Kundschaft weitergegeben hat, so hat er auch die Absenkung nicht weitergegeben. »Ich brauche nun einmal einen gewissen Gewinn, um mein Unternehmen stabil zu halten – und das ist gut für mich, meine Mitarbeiter und für meine Familie.«

Tatsächlich ist die Familie für João der eigentliche Mittelpunkt seines Lebens. Sein Bruder, ein studierter Pharmazeut, ist heute seine rechte Hand bei *Aloma* und er hat von seinen Eltern gelernt, dass ein familiärer Umgang auch im Geschäft von Vorteil ist: »Ich behandele meine Mitarbeiter gut und bezahle sie ordentlich, denn sie helfen mir und dem Unternehmen, erfolgreich zu sein.« Dabei setzt er auf eine Mischung aus Fach- und Hilfskräften. Bäcker schneiden am besten ab, sie können bei ihm bis zu 3000 Euro im Monat verdienen; Verkäufer verdienen deutlich weniger, aber auch noch gut zehn Prozent mehr als den gesetzlichen Mindestlohn.

So sehr João auf familiären und freundschaftlichen Umgang im Unternehmen setzt, so sehr wehrt er sich gegen »Freunde« im Geschäft: »Ich habe damit schlechte Erfahrungen gemacht.« Über die Jahre hat er einigen guten Bekannten Jobs gegeben. »Ich habe denen dann einen Firmenwagen bezahlt, ein Mobiltelefon und ein ordentliches Gehalt, aber es war ihnen nie genug. Und das war's dann mit der Freundschaft.« Deshalb hat er heute klare Regeln: »Am wichtigsten ist der gegenseitige Respekt. Wenn Mitarbeiter loyal und engagiert arbeiten, können sich freundschaftliche Gefühle ja immer noch entwickeln. Und das geschieht oft.«

BARES GLÜCK: LISSABONNER NACHTSCHWÄRMEREIEN

Wenn wir schon über die Genüsse des Gaumens reden, dann dürfen auch die nicht fehlen, mit denen abends und nachts Körper und Seele beisammengehalten werden. Denn Lissabon ist eine europäische Kapitale des Nachtlebens. Das haben, sehr zum Leidwesen der *Lisboetas*, inzwischen auch andere Nationen entdeckt, weshalb, zumal an den Wochenenden, die Ausgehviertel heimgesucht werden von Horden partysüchtiger junger Leute, die so gar nichts übrig haben für die portugiesische Art des Alkoholkonsums: regelmäßig, aber mäßig. Epizentren dieser Vergnügungen sind die Gegenden um *Cais de Sodré*, *Santa Catarina* und *Bairro Alto*, wo es inzwischen Protestinitiativen gibt, mit denen die Einwohner sich schützen wollen vor dem bis in die Morgenstunden anhaltenden Lärm und den unappetitlichen Hinterlassenschaften der Nacht.

Echte *Lisboetas*, jedenfalls die, die den Jugendjahren entwachsen sind, werden Sie in diesen Gegenden des Nachts kaum antreffen. Man verzieht sich in seine Lieblingskneipen und bleibt unter sich. Oder man geht in eine der vier legendären Bars, die einst von einem Herren namens Luís Pinto Coelho gegründet wurden: *Procópio*, *A Paródia*, *Foxtrot* und *Pavilhão Chinês*. Alle liegen abseits des Touristentrubels, in Stadtteilen, die traditionell eher wohlhabend sind und kein bemerkenswertes Nachtleben haben. Alle gleichen sich auch dadurch, dass sie so unterschiedlich und höchst individuell daherkommen, und dass hier munter gequalmt werden darf. Bars mit Charakter – das liebt man in Lissabon.

Luís Pinto Coelho war eigentlich Antiquitätenhändler. Die erste der vier Bars, das *Procópio*, eröffnete er 1972 am *Jardim das Amoreiras*. Als junger Mann hatte Pinto Coelho eine Weile in Paris gelebt und sich dort in eine Bar namens *Procope* verliebt – so etwas zu machen war immer sein Traum, und gut 20 Jahre später verwirklichte er ihn.

Ausgestattet mit Art Nouveau-Möbeln, war das *Procópio* etwas ganz Besonderes und wurde schnell zum Treffpunkt von Oppositionellen und Journalisten. Manch einer schwört bis heute Stein und Bein, dass die Nelkenrevolution im Wesentlichen hier geplant wurde – ob das stimmt, wissen wir nicht. Aber auch über die Revolution hinweg blieb das *Procópio* ein Treffpunkt derer, die wirklich etwas zu sagen hatten, auch der spätere Premierminister und Präsident Mario Soares zählte jahrelang zu den Stammkunden. Als einer der ersten Orte im Lissabonner Nachtleben hieß das *Procópio* übrigens von Beginn an Frauen willkommen – das war keine Selbstverständlichkeit im miefig-autoritären Portugal dieser Zeit. Die Diktatur hielt übrigens noch bis in die 1970er-Jahre daran fest, dass Frauen nicht ohne Einwilligung des Ehemanns arbeiten, ins Ausland reisen oder ein Bankkonto eröffnen durften. In der Öffentlichkeit durften sie auch nicht rauchen. Apropos rauchen: Wer ein Feuerzeug verwenden wollte, musste dafür eine Lizenz beantragen – damit sollte die Zündholz-Industrie geschützt werden.

Die Bar ist bis heute vollgestopft mit Antiquitäten und praktisch unverändert. Nach der Trennung von seiner Frau Alice – die Dame hat ihren 80. Geburtstag inzwischen hinter sich, ist aber immer noch regelmäßig in der Bar zu finden – überließ ihr Pinto Coelho das *Procópio* und machte eine neue Bar auf: das *A Paródia* im Stadtteil *Campo de Ourique*, gleich neben der Deutschen Katholischen Kirche. Offiziell wurde die Bar just zwei Tage nach der Nelkenrevolution im ehemaligen Antiquitätenladen Pinto Coelhos eröffnet. Allerdings trafen sich schon eine ganze Weile vorher hier Militärs und Angehörige der Geheimpolizei PIDE, die auf das Ende des Regimes hinarbeiteten – in dem kleinen Lädchen erwartete wohl wirklich niemand umstürzlerische Aktivitäten.

Filipa Carlos und Pedro Baptista, die Besitzer von *A Paródia*

Später wurde zwar noch das benachbarte Lebensmittelgeschäft der Bar einverleibt, aber das *A Paródia* ist immer noch winzig klein und intim, in den zwei Governmenträumen ist gerade einmal Platz für ein Dutzend Tische. »Wir haben hier vor allem Paare zu Gast, ab und zu kommt auch einmal eine kleine Gruppe«, sagt Filipa Carlos und lacht: »Hier lässt es sich gut und ungestört flirten.« Gemeinsam mit ihrem Ehemann Pedro Baptista betreibt sie die Bar. »Mein Vater hat das *A Paródia* 1998 übernommen, seit 2003 bin ich hier«, erzählt Pedro. »Tja, und irgendwann bin ich hergekommen, habe Pedro gesehen – und nicht viel später waren wir verheiratet«, ergänzt Filipa. Ihren früheren Job als PR-Frau hat sie an den Nagel gehängt und hat es nie bereut. Dass sie mit Leib und Seele Gastwirtin ist, merkt man ihr an, und sie lässt es sich nicht nehmen, neuen Besuchern die Geschichte von Pinto Coelho und ihrer Bar zu erzählen.

Der Name *A Paródia* erinnert an die in Portugal immer noch berühmte Satirezeitschrift gleichen Namens, die der Künstler Rafael Bordalo

Pinheiro Anfang des 20. Jahrhunderts herausgab. An den Wänden gibt es viele seiner Zeichnungen zu sehen, dazu Porzellanfigürchen, zwei alte Radios und noch eine ganze Reihe von Kleinigkeiten aus dem Fundus von Pinto Coelho. »Die heutigen Besitzer der vier Bars sind sich alle einig, dass es ein Verbrechen wäre, wenn wir an der Einrichtung etwas ändern würden«, sagt Pedro. Dazu gehören auch die unzähligen Streichholzschachteln im Bereich der Bar: »Die stammen von alten Kunden«, erläutert Pedro: »Darin haben sie etwas Geld gebunkert, für den Fall, dass sie nicht genug hatten, um die Rechnung zu bezahlen.«

Die meisten der Gäste im *A Paródia* sind alte Bekannte. »Manche Leute, vor allem Paare, kommen schon seit mehr als 40 Jahren hierher. Für die gehört die Bar einfach zur Familiengeschichte«, erzählt Filipa.

1978 zog Pinto Coelho weiter und eröffnete seine dritte Bar, das *Foxtrot* in *São Bento*, unweit des Parlaments. Auch diese Bar ist bis heute kaum verändert, sie wirkt auf den ersten Blick wie ein englischer Pub. Aber anders als im *A Paródia* gibt es hier viel Platz: Hinter dem Eingangsbereich, der an einen englischen Pub erinnert, liegt ein großer Saal, der bis zu 300 Leuten Platz bietet, dazu gibt es einen schön gestalteten Innenhof. Seit 1988 arbeitet Joaquim Gonçalves in der Bar, 2007 hat er sie übernommen. Joaquim, der das Rentenalter schon vor einer Weile erreicht hat, hat sein ganzes Leben in der Gastronomie gearbeitet. »Das ist mein Beruf, das ist meine Leidenschaft, und wenn ich irgendwann einmal nicht mehr hier arbeiten sollte, dann bin ich tot.«

Seit einigen Jahren ist auch sein Sohn Hugo als Chef-Barmann mit dabei – ob er dereinst die Bar übernimmt, kann Joaquim aber nicht sagen. Die Arbeit macht ihm immer noch großen Spaß, aber sie ist nicht immer einfach, findet er: »Wir haben bis um 3 Uhr nachts geöffnet, solche Arbeitszeiten sind natürlich familienfeindlich. Außerdem muss man gute Menschenkenntnis haben, und wenn man jemandem einen Drink verweigert, oder sogar einen Gast wegschicken muss, der sich schlecht benimmt, ist das nicht leicht. Das kommt zwar selten vor, aber wenn es nötig ist, muss man das so machen, dass der Gast trotzdem wiederkommt.«

Joaquim Gonçalves, in der Tür des *Foxtrot*

FOX
TROT

Fly Me Through the Night: Im *Pavilhão Chinês*

Wie auch in den drei anderen Bars müssen Gäste an der Tür klingeln, um Einlass zu finden. »Pinto Coelho hat Wert darauf gelegt, dass nicht jeder einfach so hineinspazieren kann. Die geschlossene Tür erlaubt es, die Gäste persönlich zu begrüßen und ihnen den Eindruck zu vermitteln, dass sie einen Bereich betreten, der weit entfernt ist vom Alltag«, sagt Joaquim. Außerdem erspart es wohl auch einigen Ärger, wenn man schon an der Tür eine Auswahl treffen kann. Das gibt er gerne zu, aber: »*São Bento* ist ziemlich wohlhabend, alles andere als ein Problemviertel.«

Im Vergleich zu den anderen Bars ist das Publikum im *Foxtrot*, besonders am Wochenende, vergleichsweise jung. »Das finde ich schön, auf diese Weise bekommt man Stammgäste«, sagt Joaquim schmunzelnd. Allerdings: Wer hierherkommt, darf nicht aufs Geld schauen müssen – die Preise sind, wie auch in den anderen Bars, gehoben. Ein Bier, das in einer normalen *Tasca* nicht viel mehr als einen Euro kostet, schlägt mit 3,50 Euro zu Buche, Cocktails kosten um die 10 Euro.

»In diesem Viertel geht das in Ordnung«, findet Joaquim: »Außerdem bieten wir erstklassige Qualität und Service, das muss sich im Preis auch zeigen.«

Die letzte Bar Pinto Coelhos, und die einzige, die er zu Lebzeiten nicht verkaufte, ist der *Pavilhão Chinês* im heute noblen Viertel *Principe Real*. 1986 wurde die Bar in einem ehemaligen Lebensmittelgeschäft, das diesen Namen trug, eröffnet. Diese Bar ist mit Abstand die größte, mit vier großen Räumen, von denen drei rauchfrei sind. Im vierten, dem Raucherraum, sind zwei Billardtische aufgebaut, ein kleiner Bar-Tresen findet sich an der hinteren Wand.

Sind schon die anderen drei Bars reichlich ausgestattet mit Pinto Coelhos Antiquitäten, kann man im *Pavilhão Chinês* den Eindruck bekommen, dass er hier seinen gesamten verbliebenen Fundus ausgestellt hat: Wertvolle Drucke hängen an den Wänden, dazu kommen zahlreiche Figuren, eine Sammlung von Helmen aus dem Zweiten Weltkrieg, Modellflugzeuge und -autos, Action-Man-Figuren – angeblich sind hier rund 4000 Objekte verstreut. Man zweifelt nicht an der Zahl.

Pinto Coelho starb 2012, aber dieser begeisterte Sammler von Kunst, Antiquitäten und Krimskrams hinterließ seine Spuren nicht nur in den vier Traditionsbars, sondern auch in vielen anderen Bars und Clubs, die er in Lissabon und Porto gestaltete. Alle vier Bars funktionieren heute noch sehr gut, Werbung haben sie eigentlich nicht nötig: *Lisboetas* kennen und lieben sie, und Zugereiste bekommen schnell den Tipp, hier einmal vorbeizuschauen.

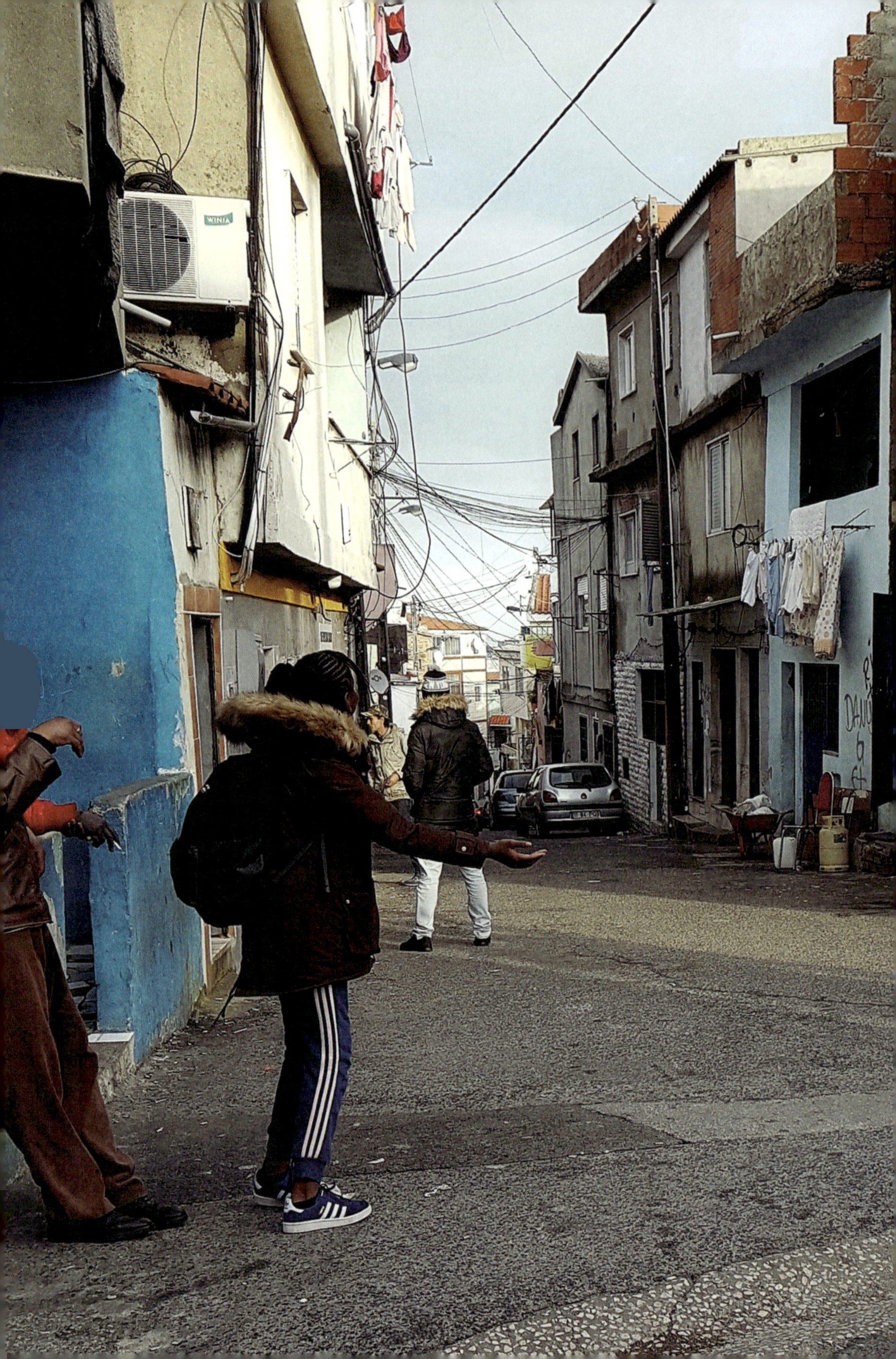
WINIA

SCHATTEN IN DER STADT DES LICHTS

Lissabon ist eine schöne Stadt, Lissabon ist eine fröhliche Stadt, Lissabon leuchtet. Nicht alles aber glänzt in dieser Stadt des Lichts. Folgen Sie mir in den Schatten, denn auch dieser gehört zu dieser Stadt.

Lissabon ist eine multikulturelle Metropole. Allerdings: Wer nur in der *Baixa* und den westlich gelegenen Touristenvierteln unterwegs ist, wird davon relativ wenig bemerken. Menschen mit dunkler Hautfarbe sind hier eine Seltenheit. Anders sieht das aus, wenn man sich in Richtung der *Praça Martin Moniz* auf den Weg macht. Hier sind es nicht nur die vielen Restaurants mit Speisen aus aller Welt, die Multikulti-Gefühle aufkommen lassen, hier leben und arbeiten tatsächlich viele Menschen, die ihre Wurzeln in China, Indien oder Afrika haben. Chinesische Supermärkte, kapverdianische Restaurants, Tante-Emma-Läden, die von Einwanderern aus Goa betrieben werden, gibt es hier zuhauf. Und wenn Sie nicht nur kapverdianische *Cachupa* probieren, sondern auch ein klein wenig kapverdianisches Lebensgefühl erleben wollen, empfehle ich ein Mittagessen bei der *Associação Caboverdeana* – im obersten Stockwerk eines Bürogebäudes an der *Rua Duque de Palmela* gibt es täglich wechselnde Gerichte, und dienstags und donnerstags Live-Musik, zu der ausgiebig getanzt wird.

Portugal ist heutzutage durchaus ein Einwanderungsland, was vor allem in Lissabon sichtbar ist. Das ist allerdings nicht immer so gewesen, Portugal war eigentlich immer ein Auswanderer-Land. Von der Verlockung des schnellen Reichtums in den Kolonien bis zur massenhaften Auswanderung von »Gastarbeitern« in den Zeiten des Salazar-Regimes – es gab immer Gründe für junge Leute, ihre Heimat zu verlassen. Auch die Finanzkrise, die seit 2008 das Land im Griff hat, hat dafür gesorgt, dass die Zahl der Menschen, die in Portugal leben, gesunken ist. Deshalb verkündet die Regierung immer wieder, dass Zuwanderer nicht nur willkommen sind, sondern auch dringend benötigt werden, um das Land zukunftssicher zu machen: Die Geburtenrate ist die niedrigste in Westeuropa, die Bevölkerung altert vor sich hin – irgendwer muss schließlich in den nächsten Jahrzehnten arbeiten, Steuern zahlen und die Renten sichern. 75 000 Zuwanderer pro Jahr möchte man haben – davon ist das Land, trotz kräftiger Bemühungen, weit entfernt.

ARI ROCHA AUF DER SUCHE
NACH EINEM PLATZ

Schon vor längerer Zeit habe ich Arizlaine Rocha kennengelernt. Die junge Frau hat einen nicht untypischen Lebensweg: Ihre Eltern wanderten von den Kapverden nach Frankreich aus, dort wurde sie auch geboren. Erst mit 16 Jahren kam sie mit den Eltern nach Lissabon, machte ihren Schulabschluss und arbeitete in verschiedenen Jobs, bevor sie mit Ende Zwanzig anfing, zu studieren. »Meine Familie ist eigentlich recht modern eingestellt, aber was die Frauenrolle angeht, war die Einstellung ziemlich konservativ. Bildung war jedenfalls keine Priorität«, sagt sie.

Ob es schwer gewesen ist, als Teenager nach Lissabon zu kommen, will ich wissen. »Es hat schon eine Weile gedauert, bis ich mich eingewöhnt habe«, sagt Ari und zuckt mit den Achseln. »Ich habe Frankreich vermisst, ich habe meine Freunde vermisst, und auch die Schule war ganz anders. Aber immerhin haben wir zu Hause immer Portugiesisch gesprochen, deshalb hatte ich wenigstens mit der Sprache keine Schwierigkeiten.«

Fühlt sie sich heute als Lissabonnerin? »Ja und nein«, antwortet sie: »Einerseits habe ich natürlich hier meinen Freundeskreis und meine Familie. Die Stadt bietet viel, und ich fühle mich hier wohl. Ich bin aber kein Stadtmensch, ich würde lieber auf dem Land leben.« Zu trubelig geht es ihr zuweilen zu, besonders, wenn sie ihrer Mutter hilft, die beim *Elevador da Bica* eine Kneipe betreibt. »Das ist einfach nichts für mich.«

Als wir miteinander sprechen, bereitet sich Ari gerade auf ihren Abschluss in Pädagogik vor. »Die Arbeit mit Kindern macht mir einfach

Ari Rocha

Spaß. Wenn ich das dann noch kombinieren könnte damit, dass ich mit Kindern draußen arbeiten kann, wäre das ideal.« Gut sind ihre Chancen auf einen Job allerdings nicht, die Regierung hat zwar den Sparkurs ein wenig gelockert, aber im öffentlichen Dienst gibt es derzeit praktisch keine Stellen. Ob sie meint, dass ihre Hautfarbe ein Nachteil sein könnte bei der Arbeitssuche? »Eigentlich nicht«, sagt sie: »Ich habe noch keine schlechten Erfahrungen machen müssen. Aber man kann den Menschen ja nicht in die Köpfe schauen. Falls mich jemand wegen meiner Hautfarbe ablehnt, dann hat er ein Problem, nicht ich.«

Ein paar Monate nach unserem Gespräch ist Ari übrigens nach Frankreich zurückgekehrt und hat dort einen Job gefunden: Arbeit mit Kindern, davon viel im Freien. Ihr nächstes Ziel ist es, genügend Geld zu sparen, um endlich die Kapverden besuchen zu können. Dort war sie nämlich noch nie.

UNTERWEGS IM ELEND: COVA DA MOURA

Wie wenig Portugal sich mit dem Thema Zuwanderung beschäftigt, wurde erstmals nach der Nelkenrevolution dramatisch deutlich. Damals hatte die neue Regierung die Kolonialkriege in Afrika beendet. Angola, Mosambik, Guinea-Bissau und die Kapverdischen Inseln wurden unabhängig. Das war gut.

Gar nicht gut war aber, dass man sich praktisch gar nicht vorbereitet hatte auf den plötzlichen Ansturm von Menschen, die in den ehemaligen Kolonien keine Zukunft mehr für sich sahen, zumal Angola und Mosambik praktisch zeitgleich mit der Unabhängigkeit in Bürgerkriegen versanken. Fast eine halbe Million Menschen kam innerhalb weniger Monate zurück in die Heimat, dazu noch mehr als 100 000 Soldaten. Ausreichende Unterkünfte für diese *Retornados* gab es nicht in dem kleinen Land, Jobs auch nicht. Und so entstanden, vor allem in Lissabon und Porto, *Bairros de Lata*, »Blechviertel«: Elendsquartiere mit allerschlimmsten Bedingungen. Etwa hundert solcher *Bairros de Lata* soll es allein in Lissabon gegeben haben, sogar auf den Mittelstreifen des Autobahnrings wurden Behausungen errichtet. Die sind natürlich inzwischen verschwunden, aber Elendsquartiere gibt es bis heute in Lissabon und seinen Vorstädten. Bewohnt werden sie vor allem von Einwanderern aus Afrika und von *Ciganos* – Roma, die in Portugal ein Leben am Rande der Gesellschaft führen.

Wir gehen zum *Rossio*-Bahnhof, bewundern kurz das wunderschöne Eingangsportal und nehmen den Zug in Richtung *Sintra*. Die Fahrt ist kurz, weniger als 10 Kilometer, nur vier Stationen sind es bis zur Vorstadt *Amadora*. Auf gerade einmal 24 Quadratkilometern leben hier fast 180 000 Menschen – *Amadora* ist die am dichtesten besiedelte Region in Portugal. Gleich zwei *Bairros de Lata* gibt es hier, die immer wieder genannt werden, wenn die gefährlichsten Viertel Portugals aufgezählt werden: *Cova da Moura* und *6 de Maio*. Vom Bahnhof *Santa Cruz* laufen wir ein paar hundert Meter die Straße hinauf Richtung Süden, und schnell sehen wir eine bemalte Wand, die uns in *Cova da Moura* begrüßt. Jetzt geht es den Berg hinauf, hinein in das Gewirr aus kleinen Sträßchen, bis wir zum Gebäude des Vereins *Moinho da Juventude* kommen, der »Mühle für die Jugend«.

»Frag mich nicht, wie dieser Name zustande gekommen ist, eine Mühle hat es hier jedenfalls nicht gegeben«, sagt Reginaldo Spínola, der heute eine Gruppe von Musikschülerinnen durch sein Viertel führt. Zwei- oder dreimal im Monat bietet der Verein solche Führungen an, um seine Arbeit vorzustellen. Und sicherlich auch, um, nach dem steter-Tropfen-Prinzip, das Ansehen von *Cova da Moura* zu verbessern. Tatsächlich hatten einige meiner Lissabonner Freunde an meinem Verstand gezweifelt, als ich erzählt habe, dass ich *Cova da Moura* besuche. Das sei viel zu gefährlich, meinten sie. Allerdings war auch noch keiner von ihnen dort, was wiederum Bände spricht über das gegenseitige Nicht-Kennen von Menschen, die nur einen Katzensprung entfernt voneinander leben.

»Die Probleme, die es hier gibt, will ich gar nicht kleinreden«, sagt Reginaldo. Die Kriminalität ist hoch, die Einkommen der Menschen sind klein, die Wohnverhältnisse sind teilweise abenteuerlich. Rund 5000 Menschen leben in dem Viertel, das nur 163 000 Quadratmeter groß ist. Auf den Quadratkilometer gerechnet wäre das eine Bevölkerungsdichte von etwa 30 000 Menschen – fünfmal mehr als im notorisch überbevölkerten Hongkong!

Entstanden ist *Cova de Moura* ab etwa 1977. Vor allem Einwanderer von den Kapverdischen Inseln und den anderen ehemaligen afrikanischen Kolonien errichteten hier auf ungenutztem Land ihre Behau-

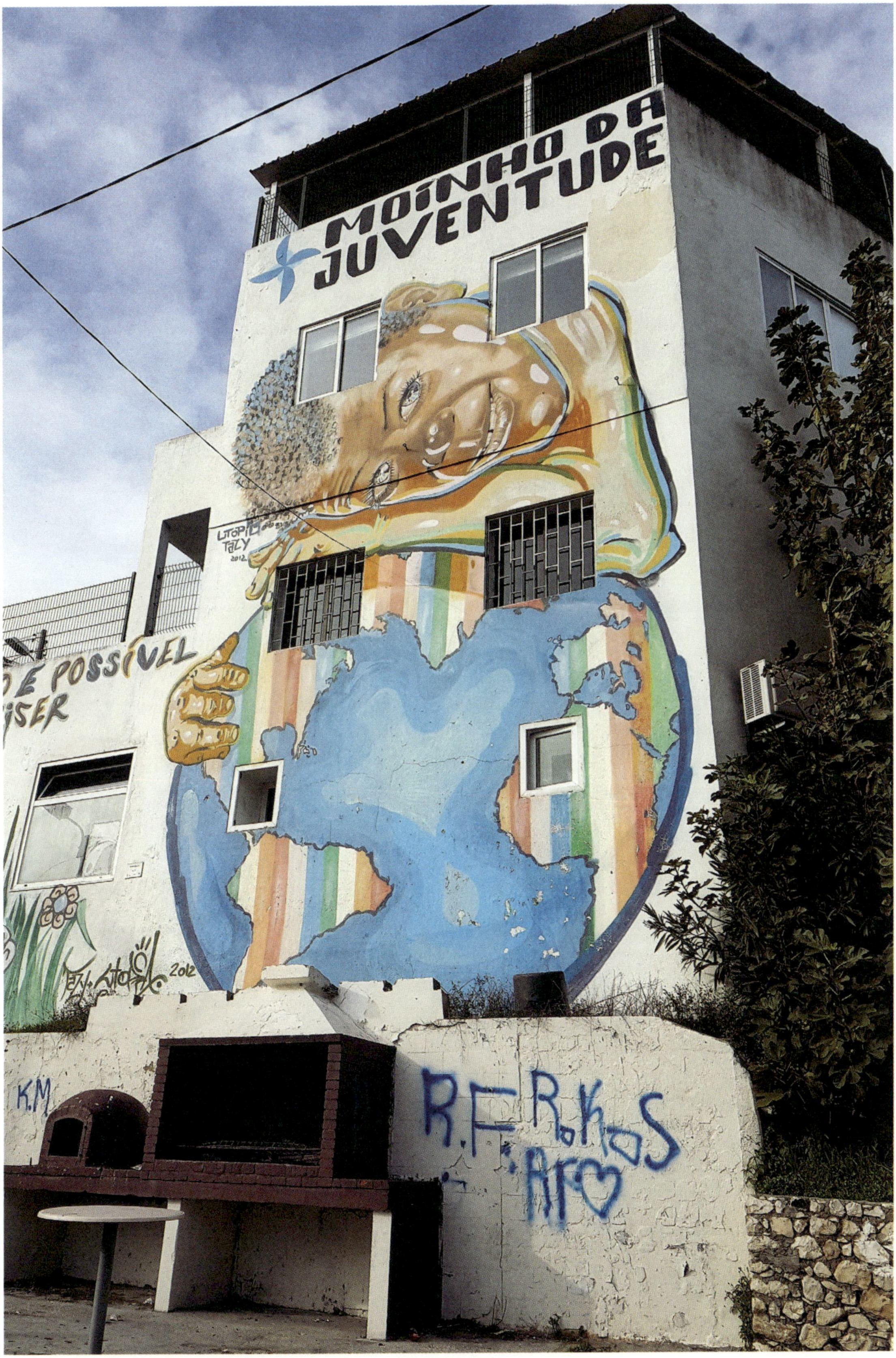
MOINHO DA
JUVENTUDE

sungen, Kapverdianer stellen bis heute gut drei Viertel der Einwohner. Jedenfalls zu Beginn siedelten sich auch Zuwanderer aus den ländlichen Regionen Portugals, die auf Arbeitssuche nach Lissabon gekommen waren, hier an. Die gesamte Siedlung war illegal und blieb das auch lange Zeit, bis heute ist der rechtliche Status nicht eindeutig geklärt. »Über Jahrzehnte haben die Leute mit der Angst gelebt, dass ihre Häuser abgerissen werden«, erzählt Reginaldo. Tatsächlich rückten immer wieder die Abrisskolonnen an und beseitigten illegale Siedlungen. Die Bewohner wurden in schnell und billig hochgezogene Mietskasernen an den Stadträndern verfrachtet. Viele von diesen Siedlungen, etwa in den Lissabonner Vorstädten *Almada* und *Loures*, sind heute soziale Brennpunkte mit hoher Kriminalität.

Inzwischen sind die alten Hütten aus Brettern und Wellblech aus *Cova da Moura* verschwunden, stattdessen stehen hier bescheidene Häuschen wie sie auch in anderen Orten stehen könnten, in denen das Geld zu knapp ist, um für schmuckes Design ausgegeben zu werden. »Die Leute haben die meisten Häuser in Gemeinschaftsarbeit gebaut, alle Nachbarn haben sich gegenseitig dabei geholfen.« Nur wenige der Straßen sind asphaltiert, in Gemeinschaftsarbeit erhielten die meisten der früheren Trampelpfade aber wenigstens eine Zementdecke. Das sieht roh und unfertig aus, und der viele Müll, der an den Straßenrändern liegt, hübscht das Bild auch nicht auf. Eine tägliche Müllabfuhr und Straßenreinigung, wie sie in Lissabon eigentlich üblich ist, gibt es hier nicht.

Auf den Gemeinschaftssinn setzt auch *Moinho da Juventude*: Freiwillige sind es, die Zeit und Kenntnisse einsetzen, um die Projekte des Vereins zu betreiben. Einen Kindergarten gibt es, ein Tageszentrum für Alte und Behinderte, eine Einrichtung, die bei der Vorbereitung auf den Beruf hilft und viele Kurse anbietet wie das eine Volkshochschule in Deutschland tun würde. Besonders wichtig sei der Jugendclub, sagt Reginaldo. Der besteht auf den ersten Blick aus nicht mehr als einem großen Raum, an dessen Wänden billige Stühle gestapelt sind. Eine kleine Bar ist der einzige Luxus. Die Tür an der hinteren

Wand aber führt zum eigentlichen Schatz des Jugendclubs: ein komplett eingerichtetes Tonstudio. Reginaldos Augen leuchten, als wir hineingehen – er ist hier der Koordinator.

»Musik ist enorm wichtig, um den Leuten Halt zu geben, das gilt für die Jungen ebenso wie für die Alten«, sagt Reginaldo. Er zeigt Videos vom *Batuko*, einem kapverdianischen Tanz, der inzwischen als Kulturerbe anerkannt ist. Die Musik ist mitreißend, die Frauen und Männer tanzen immer schneller und mit immer aufreizenderen Bewegungen – das prüde Salazar-Regime verbot den Tanz, weil er allzu erotisch erschien.

Dann geht es um die Musik, die in dem Studio produziert wird, und plötzlich verändert sich die Atmosphäre des Gesprächs: Reginaldo, Ende 20, hochgewachsen, schlank, dunkelhäutig, mit »coolen« Klamotten inklusive Löcherjeans und Leder-Basketballkappe, war für die ausschließlich weißen Musikschülerinnen bis dahin nicht viel mehr als ein Störfaktor, wegen dem sie ab und zu einmal den Mund halten und zuhören mussten. Aber jetzt entwickelt sich eine lebhafte Unterhaltung über die verschiedenen Musikstile: Auch wenn die jungen Frauen allesamt in klassischer Musik ausgebildet werden, wissen sie doch sehr gut Bescheid über die neuesten Produktionen der vielen portugiesischen Popsänger, Hip-Hopper und Rapper mit afrikanischen Wurzeln. Ich verstehe davon gar nichts – außer der kapverdianischen *Morna*, wie sie von der großartigen Cesária Évora zelebriert wurde, kenne ich diese Musik leider nicht.

Irgendwann traut sich dann eine der Schülerinnen, zu fragen, wie es denn so sei, in *Cova da Moura* zu leben, und überhaupt soll Reginaldo doch mal erzählen. Und Reginaldo erzählt. Davon, dass das Geld hinten und vorne nicht reicht. Davon, dass die meisten Arbeitgeber nichts zu tun haben wollen mit Bewerbern, deren Adresse in *Cova da Moura* ist. Davon, dass die Polizei hier bei Einsätzen zunächst zulangt und dann fragt. Davon, dass derzeit 17 Polizisten vor Gericht stehen, die bei einem Einsatz in *Cova da Moura* besonders brutal vorgegangen sind. Und davon, dass er, obwohl er hier geboren und aufgewachsen ist,

Reginaldo Spínola führt durch sein Viertel

kaum Aussicht darauf hat, einen portugiesischen Pass zu bekommen. »Dabei bin ich genauso Portugiese wie ihr«, sagt er: »Der einzige Unterschied ist meine Hautfarbe.« Die Schülerinnen schweigen betreten.

Darüber will ich mehr wissen, schließlich hatte schon die Salazar-Diktatur alle Einwohner der Kolonien zu Portugiesen erklärt, um damit einen Beschluss der Vereinten Nationen zu umgehen, der zur Abschaffung des Kolonialismus dienen sollte. Und eigentlich gilt in Portugal die Regel, dass jeder, der hier geboren wird, auch ein Recht auf die Staatsbürgerschaft hat. »Das gilt leider nicht für mich«, sagt Reginaldo: »Wenn ich die Staatsbürgerschaft beantragen würde, müsste ich einen Sprachtest machen und ein Führungszeugnis aus Kapverde beibringen. Außerdem würde das mindestens 200 Euro an Gebühren kosten. Das Geld habe ich nicht. Das Geld hat hier praktisch niemand.«

Tatsächlich fällt Reginaldo durch eine Gesetzeslücke: 1959 hatte das Salazar-Regime die Geburtsrechtsregelung eingeführt. Das wurde

1981 geändert, jetzt wurde ein Nachweis portugiesischer Abstammung gefordert. Erst 2006 wurde diese Bestimmung gelockert, um Kindern, die seitdem geboren wurden, die Einbürgerung zu erleichtern. Für die 25 Jahre zwischendurch gibt es aber keine solche Erleichterung.

Im Alltag hat das dramatische Folgen: Menschen ohne portugiesische Abstammung oder Staatsbürgerschaft sind von vielen Bereichen der staatlichen Fürsorge ausgeschlossen, von Bildungszuschüssen über das Gesundheitswesen bis zu Anstellungen im öffentlichen Dienst. Sie können auch nicht ohne weiteres in anderen EU-Staaten arbeiten oder eine Ausbildung absolvieren, da für sie die Freizügigkeitsregeln nicht gelten. Wer strafrechtlich auffällt, bekommt grundsätzlich die Staatsbürgerschaft nicht. Falls für die Tat eine Strafe von drei Jahren verhängt werden *kann*, droht die Abschiebung in die »Heimat«, die die meisten nie gesehen haben – und zwar auch dann, wenn im konkreten Fall nur eine geringe Geldbuße verhängt wird.

»Die Politiker reden zwar immer davon, dass sie uns helfen wollen«, klagt Reginaldo: »Aber es passiert nichts, ganz egal, welche Partei regiert. Wir sind einfach nicht wichtig. Und wenn das kein Rassismus ist, was ist es sonst?«

Nächste Doppelseite: Bröckelnde Schönheit

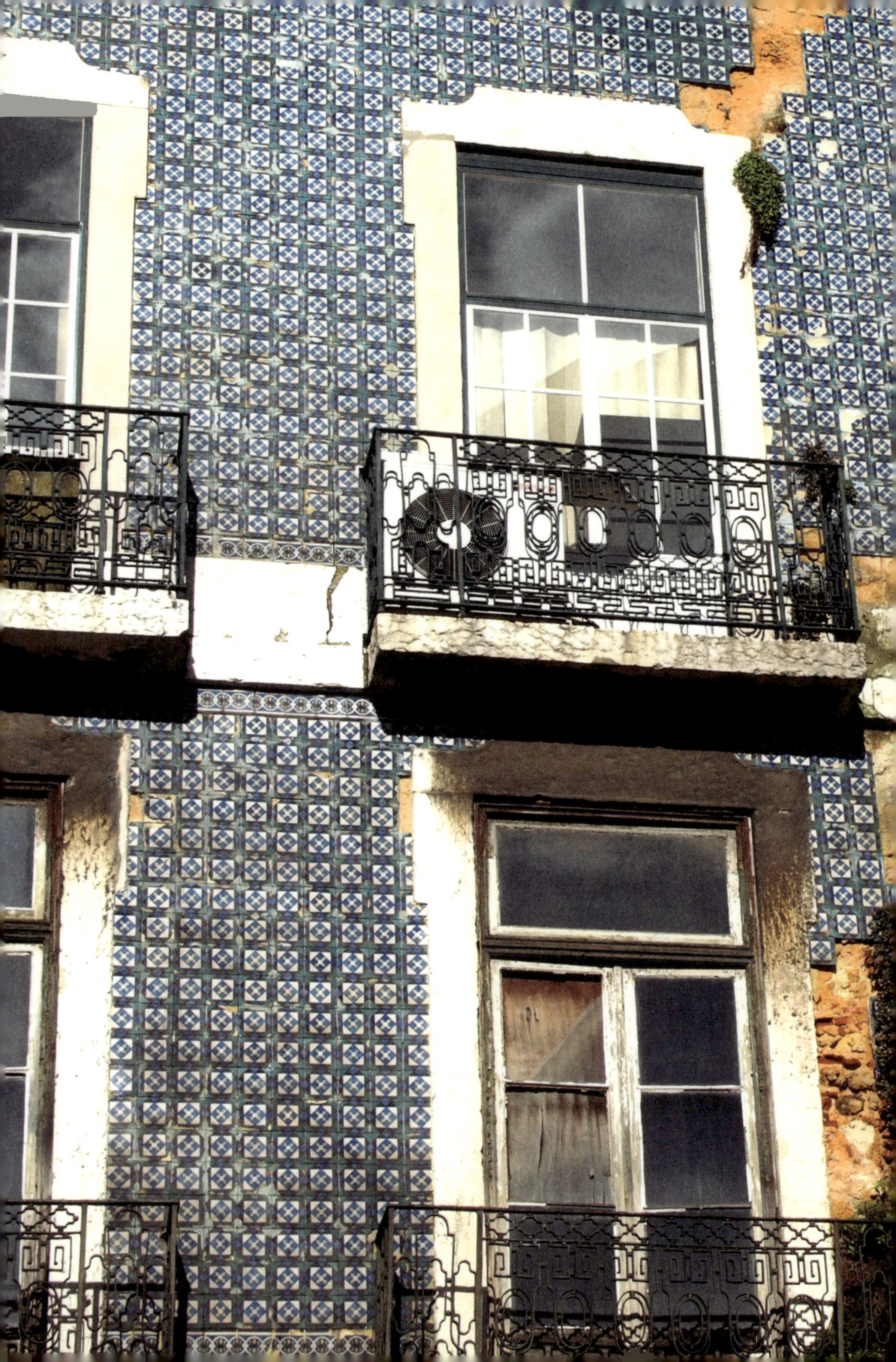

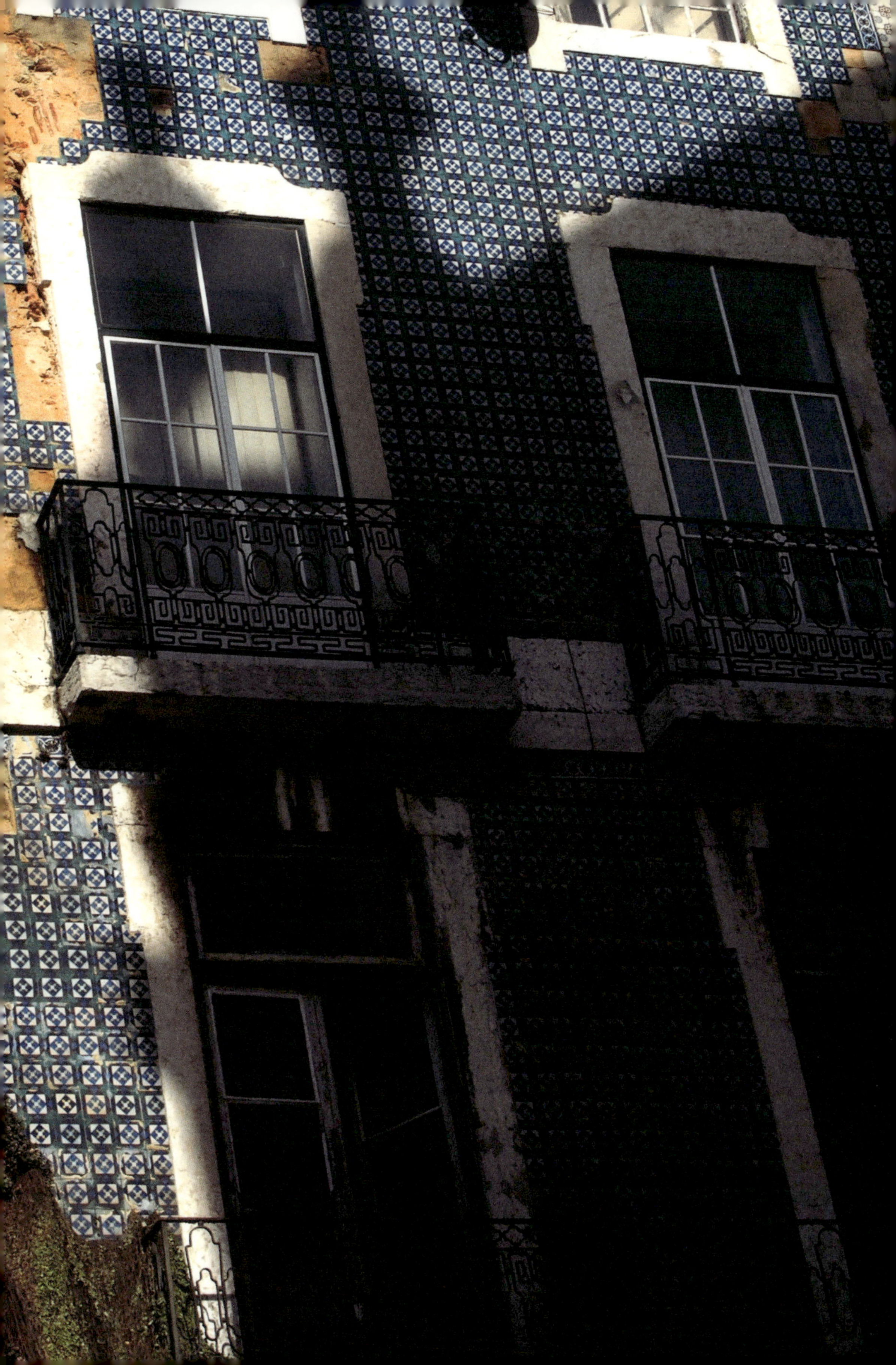

MANCHE SIND GLEICHER ALS ANDERE: *VISTOS GOLD*

Reginaldos wütenden Worten kann man wenig entgegenhalten. Außer, dass es seit Jahrzehnten unumstößliches Mantra der wechselnden Regierungen ist, dass es in Portugal Rassismus nicht gibt. Auch die Salazar-Diktatur hatte gebetsmühlenartig wiederholt, dass alle Menschen in ihrem Herrschaftsbereich Portugiesen seien. Auf alten Fotos aus Angola sieht man Aufmärsche der *Moçidade Portuguesa*, der Jugendorganisation, die Salazar nach dem Vorbild der Hitlerjugend aufbauen ließ. Das wirkt heute reichlich bizarr.

Nicht alle haben es aber so schwer wie Reginaldo, die Gnade der portugiesischen Regierung zu finden: Seit Oktober 2012 werden an finanzkräftige Menschen aus aller Welt permanente Aufenthaltsgenehmigungen vergeben, wenn sie denn Geld ins Land bringen. Die Regeln für diese *Vistos Gold* sind einfach: Entweder müssen mindestens 1,5 Millionen Euro in ein Unternehmen investiert und dadurch wenigstens zehn Arbeitsplätze geschaffen werden. Oder man kauft für mindestens 500 000 Euro eine Immobilie. Bei guter Führung winkt nach fünf Jahren ein portugiesischer Pass.

Mit dem Programm sollen für den Staat und die Wirtschaft Einnahmen und Investitionen fließen. Das ist ziemlich schiefgegangen: In den ersten fünf Jahren wurden gerade einmal acht Firmen gegründet. In dieser Zeit wurden insgesamt 5553 *Vistos Gold* vergeben, davon gingen knapp 3700 an Chinesen. Durch das Programm flossen 3,41 Milliarden Euro ins Land. Es hat vor allem kräftig dazu beigetragen, dass die Immobilienpreise seither explodiert sind, vor allem in Lissabon und Porto. Eine Reihe der auf diese Weise gewonnenen Neubürger aus China, Brasilien oder Russland ist in den Heimatländern inzwischen wegen Finanzverbrechen angeklagt oder verurteilt. Rund ein Dutzend Beamte, die mit dem Programm zu tun hatten, darunter der einstmals zuständige Minister, wurde festgenommen wegen des Verdachts der Korruption und Geldwäsche.

IMMIGRANTEN IN PORTUGAL

Der Großraum Lissabon verzeichnete bei der letzten amtlichen Volkszählung im Jahr 2011 (neuere Zahlen gibt es nicht) insgesamt 173 118 Immigranten, das waren rund 44 Prozent aller Zuwanderer in Portugal. Der größte Teil von ihnen stammte aus Brasilien und den früheren afrikanischen Kolonien Angola, Kap Verde und Guinea-Bissau. Allerdings dürfte sich diese Zahl seither deutlich verändert haben, weil seit Beginn der Finanzkrise nicht nur Portugiesen das Land verlassen haben, sondern auch viele Brasilianer und Angolaner. Gleichzeitig ist seit einigen Jahren die Einwanderung aus der Ukraine, Rumänien und China stark angestiegen. Ehemalige »Gastarbeiter« und finanzkräftige Rentner aus EU-Ländern, die durch die großzügigen Steuergesetze zum Umzug bewogen werden, machen auch einen großen Teil der Zuwanderer aus.

Grundsätzlich heißt die portugiesische Regierung, wie auch der größte Teil der Bevölkerung, Einwanderer willkommen: Als einziges Land in der EU ließ Portugal wissen, dass man deutlich mehr Flüchtlinge aufnehmen würde, als es der Verteilungsschlüssel vorsieht und es gibt immer wieder Kundgebungen, bei denen Schilder mit der Losung »Refugees Welcome« gezeigt werden. Die offen rassistische Partei PNR erzielte bei den Parlamentswahlen 2015 gerade einmal 0,5 Prozent der Stimmen. Dabei ist aber auch zu bedenken, dass Zuwanderer und Kinder von Zuwanderern in Portugal lediglich einen Bevölkerungsanteil von rund 9 Prozent darstellen (Deutschland: ca. 16 Prozent), das ist der niedrigste Wert aller westeuropäischen EU-Mitgliedsländer.

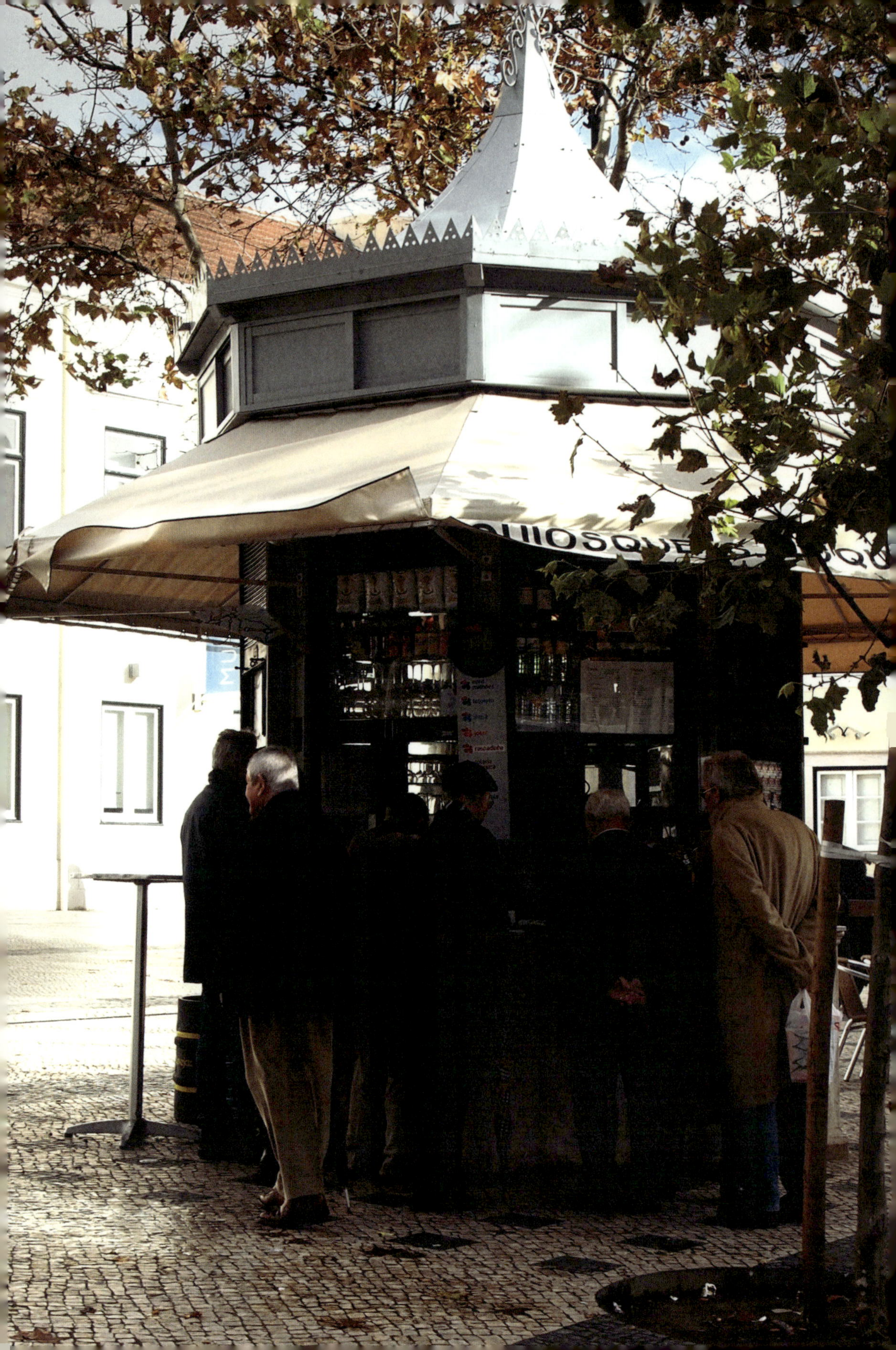
QUIOSQUE

GLAUBE, LIEBE, SEHNSUCHT – LISSABON FÜR DIE SEELE

»*Quem tem alma não tem calma.*«
»Wer eine Seele hat, hat keine Ruhe.«
Fernando Pessoa

Spätestens seit der Zeit des römischen Kaisers Augustus wissen autokratische Herrscher, was nötig ist, um das Volk ruhigzustellen: *panem et circenses* – Brot und Spiele. Das wussten natürlich auch der portugiesische Diktator António de Oliveira Salazar und seine Helfer. Je länger das Regime andauerte und je unzufriedener die Bevölkerung wurde, umso mehr wurden drei Dinge betont, die als Säulen wenn nicht des Alltags, dann zumindest des portugiesischen Seelenlebens gelten können: *Fátima, Fado, Futebol* – der tief verwurzelte katholische Glaube, die typische Musik Lissabons und die überbordende Begeisterung für die schönste Nebensache der Welt. Diese »drei F« dienten über die Jahre zur Stabilisierung eines immer mehr diskreditierten Regimes. Und um ganz sicher zu gehen, setzte man noch auf ein »viertes F«, um die Bevölkerung zu bespaßen: *Festas*. Ab den Fünfzigerjahren wurden die traditionellen, zumeist religiösen Volksfeste mit großem Aufwand zu Massenveranstaltungen aufgemotzt. Nach der Nelkenrevolution bemühten sich die wechselnden Regierungen, den Menschen diese vier Säulen des alten Regimes zu verleiden. Der Erfolg war bescheiden – der revolutionäre Elan mag noch so groß sein, zumindest gegen Fußball und Feste ist kein Kraut gewachsen.

HEILE SEELE:
PADRE DUARTE

Beim Bummeln in Lissabon fällt unvermeidlich auf, dass es hier von Kirchen nur so zu wimmeln scheint. Da sind die großen, berühmten wie die Lissabonner Kathedrale *Sé Patriarcal* in der *Alfama*, gleich um die Ecke die *Igreja São Vicente*, die auch Sitz des Erzbischofs ist, oder die *Basílica da Estrela* in *Lapa*, die für diejenigen, die mit den Museumsbähnchen 25 und 28 fahren, eine der großen Attraktionen auf dem Weg durch die Stadt ist. Die meisten Kirchen in Lissabon sind aber klein und unauffällig und bieten Platz für höchstens ein paar Dutzend Gläubige. Beim Wiederaufbau der Stadt nach dem großen Erdbeben von 1755 galt für einige Zeit die Verfügung, dass die Gemeindekirchen sich nicht über die restlichen Häuser erheben dürfen. Die Türen dieser Kirchlein sind meist geschlossen, die Glocken läuten nicht – ob sie noch genutzt werden, ist nicht immer leicht festzustellen.

Auch die Kirche, in der Padre Duarte Andrade Dienst tut, liegt einigermaßen versteckt hinter Plattenbaufassaden an einer Durchgangsstraße in *Alto Lisboa*. Eigentlich sollte in dem Gebäude ein Supermarkt einziehen. »Jetzt bieten wir Nahrhaftes für die Seele«, sagt Padre Duarte mit einem verschmitzten Lächeln. Gerade hat er seinen 30. Geburtstag gefeiert, seit 2012 ist er Priester, davon die ersten Jahre in einem kleinen Nest in Zentralportugal. Als wir uns Mitte 2016 treffen, ist er seit etwas mehr als einem Jahr wieder in Lissabon und wohnt übergangsweise bei seiner Mutter – seine Gemeinde ist noch neu, die Priesterwohnung noch nicht bezugsfertig.

Als waschechtem *Lisboeta*, er ist ganz in der Nähe seiner neuen Kirche aufgewachsen, war ihm das Landleben völlig unbekannt – mit ei-

Padre Duarte Andrade

nem Kollegen war er zuständig für gleich zehn Gemeinden. »Ich musste mich ganz schnell sehr umstellen, weil es viele Dinge, die für mich immer selbstverständlich waren, einfach nicht gab. Es war gut, dass ich einen Kollegen hatte, der mich beraten konnte und der auch für mich da war, wenn es mir nicht so gut ging.«

Alto Lisboa ist bis zum Beginn der Finanzkrise enorm gewachsen. Für die solide bürgerliche Mittelschicht war es immer ein beliebter Stadtteil, der eine bequeme und stadtnahe Alternative darstellte zu den verfallenden Altbauten im Zentrum und den gesichtslosen Satellitenstädten in der Peripherie. Soziale Probleme gibt es nur wenige – ausgerechnet die Plattenbausiedlung, in der die Kirche untergekommen ist, bildet aber eine Ausnahme: Hier sind rund 150 »Problemfamilien« untergebracht, Drogen und Alkohol gehören zum Alltag. »Das ist dann wohl genau der richtige Ort für uns«, findet Duarte.

Die katholische Kirche spielte über Jahrhunderte eine dominierende Rolle im Alltag der Portugiesen. Das hat sich geändert. Antiklerikale Strömungen gab es schon im 19. Jahrhundert, und spätestens mit der Nelkenrevolution brachen viele Menschen mit der Kirche, die eine der tragenden Säulen des Salazar-Regimes gewesen war. Zwar bekennen sich immer noch 81 Prozent der Portugiesen zur Kirche, das spiegelt sich aber im Alltag nicht wider. »Wir leben zwar in einem katholischen Land, aber der Glaube ist für die meisten Leute kein fester Teil ihres Lebens«, stellt Duarte fest. Anders als früher fehlt heute der soziale Druck, die Messen zu besuchen. In Lissabon sind es rund 25 Prozent der Menschen, die zur Kirche gehen, im Norden des Landes sind es etwa 50 Prozent, im immer schon antiklerikalen Süden gerade noch 10 Prozent. Die Folgen sind deutlich: Viele Kirchen sind leer, es mangelt an Priesternachwuchs – das Durchschnittsalter der Seelenhirten liegt deutlich jenseits der 60.

Duartes Alltag ist recht strikt durchorganisiert: Wochentags hält er um 9 Uhr und 18.30 Uhr Messen, sonntags kommen zwei weitere Gottesdienste um 11 Uhr und 12.30 Uhr dazu. Zusätzlich arbeitet er als Schulkaplan, besucht seine Schäfchen zu Hause oder im Krankenhaus und engagiert sich in einer katholischen Jugendorganisation. »Einen freien Tag habe ich eigentlich nie, aber das ist in Ordnung, denn ich bin mein eigener Boss«, sagt er. Dadurch schafft er es auch, sich regelmäßig Zeit zu nehmen für sein liebstes Hobby: Er geht für sein Leben gerne ins Kino. »Aber immer in Priesterkluft – vor allem die jungen Leute schauen mich dann oft ganz verblüfft an, und daraus entstehen oft richtig gute, intensive Gespräche.« Offensichtlich ist Duarte ein gewitzter »Menschenfischer«, und vor allem die Arbeit mit Jugendlichen begeistert ihn. »Es ist aber auch eine Herausforderung, denn man muss ihnen sehr gut zuhören, um die richtigen Antworten auf ihre Fragen und Probleme zu geben«, gibt er zu bedenken.

Sex, Ehe und Partnerschaft sind bei den Gesprächen mit den Jugendlichen Dauerbrenner, und Duarte, der sich selbst als konservativ betrachtet, weiß, dass er gegen Teenagertriebe nicht wirklich viel ausrichten kann. »Sex ist gut, Sex ist schön. Mir ist es aber wichtig, dass die jungen Leute verstehen, dass ein ›Ja‹ zum Sex auch ein ›Ja‹

zum Partner sein muss, dass man bereit ist, sich ganz und gar auf den Partner einzulassen, dass man für sich und den Partner Verantwortung übernimmt.« Kommt das noch an in unserer Zeit? »Ja, ich denke schon«, findet er und bricht eine Lanze für die Rolle der Kirche: »Die Kirche muss zu ihren Überzeugungen stehen. Die Kirche muss sich nicht ändern, weil die Welt sich verändert. Im Gegenteil: Die Kirche hat ihrerseits die Aufgabe, die Welt zu verändern, und zwar zum Besseren.«

Warum wird ein junger, gutaussehender Mann wie Duarte Priester? »Früher war das eine Berufswahl, mit der sich Menschen aus Armut befreien konnten. Das ist heute ganz anders: Wer Priester wird, tut dies aus tiefster Überzeugung und aus eigener, freier Wahl«, sagt er. Er hat sich seine Entscheidung nicht leichtgemacht, hat mit Priestern, mit Freunden und natürlich mit der Familie intensiv darüber gesprochen. Letztlich sagten ihm alle, dass er seinem Herzen folgen muss – nicht irgendeinem Gefühl, sondern seiner festen Überzeugung. Als er 19 Jahre alt war, stand sein Entschluss fest. »Ich wusste, dass ich den richtigen Weg eingeschlagen habe, auch wenn ich natürlich im Alltag nicht immer nur glücklich und zufrieden bin«, sagt er.

Als er seine Entscheidung traf, hat seine Mutter geweint, einige Freunde und Verwandte nannten ihn sogar egoistisch, weil sie meinten, dass er sich jetzt aus ihrem Leben zurückziehen würde. »Ich denke überhaupt nicht daran, meine Familie und Freunde aufzugeben. Dazu sind sie viel zu wichtig für mich, und sie helfen mir immer wieder, zu mir selbst zu finden«, sagt Duarte. Er stammt aus einer sehr großen Familie: Der Vater hatte elf Geschwister, und er hat eines der heißesten Themen der katholischen Kirche selbst am Hals: Die Eltern sind geschieden und beide sind wiederverheiratet. Das Aufwachsen mit so vielen Verwandten hat Spuren bei ihm hinterlassen: »Ich habe aus eigener Anschauung gelernt, dass die Familie ungeheuer wichtig ist, damit eine Gesellschaft funktionieren kann. In der Familie lernt man soziales Verhalten: zuhören, diskutieren, unangenehme Wahrheiten ertragen, sich entschuldigen.«

Mit der Familie musste Duarte auch eine der schlimmsten Tragödien überstehen: Im August 2014 wurde sein ein Jahr älterer Bruder erstochen, als er im Ausgehviertel am *Cais de Sodré* einen Streit schlichten wollte. Verzweifelt man in solch einem Moment nicht an Gott? »Nein, ich war nicht böse auf Gott. Ich habe in meinen Gebeten darum gebetet, dass er mir und meiner Familie die Kraft gibt, mit der Sache umzugehen. Ich habe ihn nicht gebeten, seine Entscheidung über Leben oder Tod zu ändern.« Eine Woche lang kämpfte der Bruder im Krankenhaus um sein Leben. Als er schließlich starb, trauerte Duarte natürlich genauso wie seine Familie. »Ich habe mit aller Kraft gewünscht, dass er überlebt. Aber es ist doch so, dass jeden Tag Menschen sterben, aus welchen Gründen auch immer. Deshalb kann man doch nicht jeden Tag aufs Neue Gott böse sein. Ich jedenfalls danke ihm dafür, dass ich 30 Jahre lang meinen Bruder in meinem Leben hatte, das war ein großes Geschenk.«

Und wie hält er es mit dem Mörder seines Bruders? »Er wurde kurz vor Weihnachten 2015 gefasst und wartet jetzt auf den Prozess«, berichtet Duarte. Der Mann sei selbst erst Anfang 30, habe drei kleine Kinder. »Als ich das hörte, habe ich vor allem die Kinder bedauert, die jetzt ohne ihren Vater auskommen müssen. Aber ich wünsche dem Mann nichts Böses. Wenn er seine Tat ehrlich bereut, wenn er Verantwortung übernimmt für seine Handlungen, dann weiß ich, dass Gott ihm vergeben wird. Und ich werde das auch tun.«

Zu einer solchen Haltung gehört viel Kraft. Kraft, die Duarte aus seinem Glauben bezieht.

MÁRIO PACHECO: MEISTER DER *SAUDADE*

»Das einzig Wichtige ist, den Fado zu fühlen.
Der Fado ist nicht zum Singen gemacht; er passiert einfach.
Du fühlst ihn, Du verstehst ihn nicht und Du erklärst ihn nicht.«
Amália Rodrigues

O fado nasceu num dia / Em que o vento mal bulia
Der Fado wurde geboren an einem Tag / Als ein schlechter Wind blies
José Régio: *Fado*, Gedichtsammlung, 1941

Der große Gastraum im *Clube de Fado* in der *Alfama* ist erstaunlich schlicht gehalten: Die Wände sind weiß, es gibt keine *Azulejos* oder die in anderen Fadohäusern üblichen Stierkampf-Memorabilia. Einzig ein paar Stiche mit alten Landkarten und Stadtansichten schmücken die Wände. In der Luft hängt ein leichter Duft von Knoblauch, das Essen ist, wie in den meisten Fadolokalen, recht hochpreisig. Allerdings zahlt man auch keinen Eintritt, und das Essen ist, anders als in den meisten Fadolokalen, köstlich. »Bei mir sind Essen, Getränke und Service immer exzellent«, sagt der Besitzer Mário Pacheco und fügt hinzu: »Die Musik ist es ja schließlich auch!«

Womit er recht hat. Kein anderes Fadolokal in Lissabon genießt ein solch hohes Ansehen wie der *Clube de Fado*, nirgendwo sonst wird an sieben Tagen der Woche eine solch konstant hohe Qualität geboten. Das liegt auch daran, dass Mário an den meisten Abenden hier selbst musiziert: Der 68-jährige gilt als *der* herausragende Virtuose der portugiesischen Gitarre und hat mit seinen Kompositionen Meilensteine für die Entwicklung des modernen *Fado* gesetzt. Als er 1995 seinen Club eröffnete, geschah dies auch, um einen Ort zu schaffen, der Zeichen setzt gegen die Verflachung des *Fado*, der sich zu einer ritualisierten Folkloreveranstaltung zu entwickeln drohte. Seither hat eine ganze Generation junger *Fado*-Musiker die Bühne betreten. Fast alle, die heute als Stars der Szene gelten, durften irgendwann im *Clube de Fado* auftreten. Das ist nicht leicht: »Ich bin sehr rigoros bei der Auswahl der Künstler«, sagt Mário: »Das bin ich dem Club und den Gästen schuldig, aber vor allem der Würde der Musik.«

Mário wurde – wie viele andere Musiker seiner Generation – in eine *Fado*-Familie hineingeboren. Schon der Großvater trat erfolgreich auf, sein Vater António war einer der begehrtesten Begleitmusiker. Schon als Kind lernte er deshalb die Stars der Szene kennen, sein Talent war unverkennbar und so war sein Weg vorgezeichnet. »*Posse disser que o meu fado é o Fado* – Man kann sagen, dass mein Schicksal der *Fado* ist«, sagt er lächelnd. Zunächst trat er in die väterlichen Fußstapfen und konzentrierte sich auf die spanische Gitarre, erst mit 22 Jahren wechselte er zur portugiesischen Gitarre: »Ich wollte als Solist auftreten, das ist im *Fado* mit der spanischen Gitarre nicht möglich«, sagt er.

Seine besondere Verehrung gilt Carlos Paredes, dem 2004 verstorbenen Virtuosen auf der portugiesischen Gitarre. »Er war der Meister der Meister, viel besser als Keith Richards oder Eric Clapton. Er war ein Musiker aus einer anderen Welt«, sagt er. Die Erfolge kamen schnell, und auch die große Amália Rodrigues, bis heute die unbestrittene Königin des *Fado*, wurde auf Mário aufmerksam. In den letzten zehn Jahren ihrer Karriere war er ihr Stamm-Begleiter auf der portugiesischen Gitarre und noch heute glänzen seine Augen, wenn er von ihr spricht: »Der *Fado* ist durch sie weltweit bekannt geworden, wir alle verdanken ihr unsere künstlerische Existenz.« Und er schwärmt: »Ich habe nie eine Frau getroffen, die so klug und sensibel war, so akribisch in ihrer Arbeit und die trotz ihres Weltruhms immer bescheiden und hilfsbereit gewesen ist.«

Wie, wann und warum der *Fado* entstanden ist, weiß niemand genau zu sagen. Mit der traditionellen portugiesischen Folklore und Dichtung hat das Genre wenig gemein. Zum ersten Mal wurde der *Fado* 1822 in einer Beschreibung brasilianischer Tänze erwähnt, kurz darauf wurde er zur Musik Lissabons. Möglicherweise wurde der *Fado* von Seeleuten mitgebracht oder von Bediensteten des portugiesischen Hofstaats, der sich 1807 vor den Truppen Napoleons nach Rio de Janeiro geflüchtet hatte und um diese Zeit zurückkehrte. In diesen Jahren hatte Lissabon eine dramatische Wandlung durchgemacht: Zwischen 1785 und 1820 hatte sich die Einwohnerzahl verdoppelt, Massen von arbeitssuchenden Landbewohnern waren in die Stadt gekommen. Man verdingte sich als Tagelöhner im Hafen und in Manufakturen, traf sich mit den städtischen Gaunern und Zuhältern und Sklaven (die Sklaverei wurde in Portugal erst 1876 abgeschafft) in den Kaschemmen der *Mouraria* oder *Alfama* zum Saufen, Spielen und Huren. Die ersten bekannten Fadosängerinnen, darunter auch die legendäre Maria Severa, waren durchwegs Prostituierte.

»Portugal war in dieser Zeit ein Land der Frauen, der Witwen und der Prostituierten, die darauf warteten, dass ein Schiff in den Hafen einlief«, sagt Mário: »Die jungen Männer fuhren zur See oder gingen nach Brasilien oder Afrika, für die meisten Leute in Lissabon gab es vor allem Hunger und Elend.« Für ihn ist der *Fado* deshalb der »Blues Europas«, eine Musik des Kummers. Damit geht auch die *Saudade* einher – ein sehr portugiesischer Begriff, der nur schwer zu erklären ist und deutlich mehr ist als seine wörtliche Übersetzung: »Sehnsucht«. Ein Kollege hat es so versucht: »*Saudade* ist die Anwesenheit von Abwesenheit.« Das ist schön, aber ist das hilfreich?

Die bürgerliche Mittelschicht betrachtete den *Fado* bis weit ins 20. Jahrhundert hinein als Musik des Abschaums. Trotzdem, oder vielleicht gerade deshalb, wurde der *Fado* rasch zum populärsten Musikstil in Lissabon. Allenfalls der Tango ist mit Buenos Aires derart verbunden wie der *Fado* mit Lissabon. Tatsächlich ist der *Fado* ein ureigenes Produkt dieser Stadt, schon in den Städten und Dörfern der

Mário Pacheco

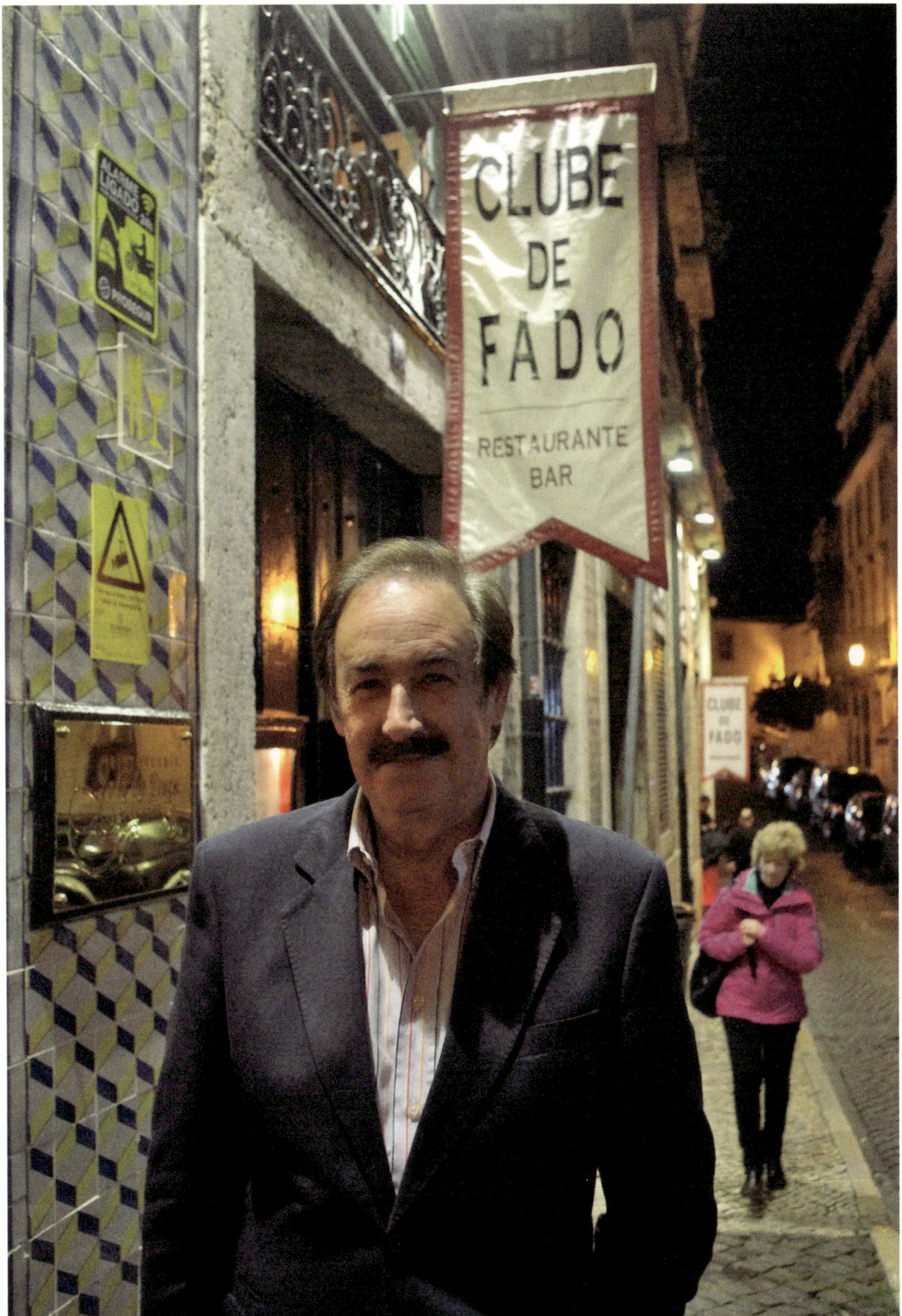
CLUBE
DE
FADO
RESTAURANTE
BAR
CLUBE
DE
FADO

Umgebung spielte er lange Zeit gar keine Rolle, mit Ausnahme von *Coimbra*: Studenten brachten den *Fado* an die Universität, über die Jahrzehnte entwickelte sich dort ein ganz eigener Stil.

Anders als die Mittelschicht entdeckte die aristokratische Bohème sehr schnell den *Fado*: Wer Geld hatte und Vergnügungen, nicht nur musikalischer Art, suchte, fand dies in den *Fado*-Kneipen. Spätestens in den 1840er-Jahren gelangte die Musik so in die »besseren« Kreise Lissabons, sie wurde bei Stierkämpfen dargeboten und die besten *Fadistas* traten bei den Festen auf Landsitzen in der Umgebung auf – die ersten Ansätze zu einer Professionalisierung waren gelegt. Ab 1870 erschienen gedruckte Ausgaben der populärsten *Fados* und als man ab 1904 auch in Portugal Schallplattenaufnahmen machte, fanden *Fado*-Platten sofort reißenden Absatz.

Auch die Diktatur des *Estado Novo* unter Salazar mochte sich lange Zeit nicht mit dem *Fado* anfreunden: Der *Fado* als Ausdruck des Lebensgefühls einer kosmopolitischen Metropole war weder ländlich noch katholisch, auch die grundsätzlich autoritäre und anti-demokratische Weltsicht des Regimes passte nicht zur Tradition des in seinen Texten immer recht aufmüpfigen Genres. Bereits kurz nach dem Putsch, mit dem die Militärs 1926 die portugiesische Demokratie für fast 50 Jahre beerdigten, wurden rigorose Zensurgesetze eingeführt: Wer als Künstler auftreten wollte, brauchte dafür eine staatliche Registrierung; wer Künstler auftreten lassen wollte, ebenso. Alle Texte mussten vor Veröffentlichung der Zensur vorgelegt werden.

Für den *Fado* hatte das bittere Folgen: Die populäre Musik des Volkes, die vor dem Putsch mit ihren Texten sämtliche Richtungen abgebildet hatte, ob kommunistisch oder autoritär-rechts, anarcho-syndikalistisch oder monarchistisch, erotisch, christlich oder wild anti-klerikal, wurde beschränkt auf Herz und Schmerz und die Sehnsucht nach einer mythisierten Vergangenheit. Portugal wurde gepriesen, das einfache Leben und die Nutzlosigkeit jeglicher Ambitionen auf ein besseres Leben. So etwas passte dem Regime gut in den Kram.

Aber: Zwar war der *Fado* als oppositionelle Stimme faktisch nicht präsent, allerdings hat auch kein bedeutender *Fado*-Texter Loblieder auf den *Estado Novo* geschrieben.

Erst nach dem Zweiten Weltkrieg begann die Instrumentalisierung des *Fado* durch das Regime, stets begleitet vom Widerwillen der Eliten, die diese »Verlierermusik« um keinen Preis als Ausdruck portugiesischer Identität anerkannt sehen wollten. Der Diktator António de Oliveira Salazar fand den *Fado* deprimierend und fertigte die große Amália Rodrigues bei einer Begegnung recht eindeutig ab: »Ich habe gehört, Sie seien eine gute Sängerin. Aber Sie sind nicht hier, um zu singen. Die Portugiesen heulen mir sowieso die ganze Zeit etwas vor.« Als Amália in den 1960er-Jahren eine *Fado*-Platte mit Texten von Luís de Camões aufnahm, entbrannte elitärer Zorn ob der Vermischung von Gossenmusik und edler Dichtung.

Trotz dieser Abscheu der Regierenden gehörte der *Fado* zu dieser Zeit zu den drei Säulen des vom Regime postulierten Portugiesentums. Spätestens als anglo-amerikanischer Rock und Pop und der brasilianische *Bossa Nova* bei den jungen Leuten populär wurden, hatte der *Fado* schlechte Karten. Anders als die neuen Genres, die ein modernes Selbstverständnis ausdrückten, galt *Fado* vielen Menschen als rückständiges Sinnbild der Resignation vor einem übermächtigen Staat. Das wurde nach der Nelkenrevolution von 1974 nicht besser: In den Augen der Jugend und vieler Intellektueller war der *Fado* eng verbunden mit der bleiernen Zeit des Regimes. Die jährliche, in Radio und Fernsehen übertragene *Noite do Fado* wurde für zwei Jahre ausgesetzt. Amália Rodrigues wurde als Stütze des Regimes beschimpft; das änderte sich erst, als ausländische Künstler nachdrücklich darauf hinwiesen, dass sie jahrzehntelang die Opposition unterstützt hatte.

Erst ab den 1980er-Jahren erlebte der *Fado* eine Renaissance, die besonders mit Carlos do Carmo verbunden ist: Der Sänger, der wegen seiner kommunistischen Sympathien unter Salazar zeitweise inhaftiert wurde, schaffte es, mit behutsamen Innovationen in Richtung Jazz und Chanson dem *Fado* wieder zu Popularität zu verhelfen. Heute kann das Genre in den portugiesischen Verkaufscharts wieder mühelos mithalten mit dem Pop anglo-amerikanischer Prägung. *Fadistas* wie Mariza, Carminho, Camané oder Ana Moura sind zu Weltstars geworden, und neue Talente strömen kontinuierlich in die Szene hinein.

Die Strukturen der *Fado*-Szene sind aber heute immer noch so, wie sie seit der Salazarzeit entstanden sind. Zum einen schaffte der *Fado* den Sprung in die großen Konzerthallen des Landes, zum anderen wurden zahlreiche neue *Casas do Fado* gegründet, die sich ganz auf den Geschmack der Massen und der Touristen konzentrierten, mit folkloristischen Dekorationen wie *Azulejos*, künstlich antiquierten Möbeln und Stierkampf-Gerätschaften. Dazu kam eine ritualisierte Art des Vortrags des Herz-Schmerz-Gesangs – ein bösartiger Beobachter schrieb vor einigen Jahren, dass die Sache damit beginnt, dass die Sängerin den Kopf zurückwirft und das Geheule einer Hyäne anstimmt. Heute gibt es in Lissabon rund 40 *Fado*-Lokale, und in den meisten ist dieses Gehabe zu finden.

»Die meisten *Fado*-Lokale wollen vor allem teures Essen und Trinken und möglichst viele CDs verkaufen«, sagt Mário mit einem Kopfschütteln. Tatsächlich ist ein *Fado*-Abend heute fester Bestandteil der meisten Lissabonreisen: Touristen sind davon magisch angezogen. Das ist Fluch und Segen zugleich: »Ohne das Geld der Touristen könnte kaum ein *Fado*-Lokal überleben«, sagt Mário: »Und auch die *Fadistas*, die es noch nicht in die Konzerthallen geschafft haben, sind abhängig von den Touristen, weil sie ja die *Fado*-Lokale brauchen, um dort auftreten zu können.« Die *Lisboetas* lieben zwar ihren *Fado*, meiden aber solche Läden – auch weil die Preise für Essen und Trinken ihnen die Tränen in die Augen treiben. Wenn man *Lisboetas* beim *Fado* erleben will, lohnt sich ein Besuch in einem der »informellen« Clubs, wo Leute aus dem Publikum auftreten – das ist manchmal ein wenig gruselig, aber zuweilen treten auch Topstars am späten Abend in Clubs wie dem *Tasca do Chico* oder *Mesa de Frade* auf.

Auch bei Mário machen Touristen einen großen Teil des Publikums aus. Aber er macht keinerlei Kompromisse bei der Musik. Als er 1995 sein Lokal eröffnete, nannte er es bewusst *Clube de Fado*. Für ihn ist das aus zwei Gründen wichtig: »*Club*, das bedeutet, dass sich dort Menschen treffen, die ein gemeinsames Interesse, eine gemeinsame Leidenschaft haben«, sagt er, und: »Ich finde, dass der *Fado* eigentlich nicht in Konzerthallen und Stadien gehört. Er ist eine sehr persönliche Musik, er braucht das intensive Zuhören, und das funktioniert nur in einer intimen Atmosphäre wie sie ein Club bietet.« Das liege auch am Wesen der Musik, findet er: »Der *Fado* ist eine einfache Musik. Die Kunst besteht darin, aus dieser Einfachheit etwas Schönes und Strahlendes zu machen.«

Das Publikum dankt es ihm: Die portugiesische Prominenz ist regelmäßig zu Gast, im Foyer hängt ein Foto mit dem derzeit weltberühmtesten Portugiesen, Cristiano Ronaldo, der darauf eine Portugiesische Gitarre hält. »Nein, er kann nicht Gitarre spielen«, lacht Mário: »Aber Ronaldo kommt eigentlich immer her, wenn er in der Stadt ist, und er bringt gerne seine Mannschaftskameraden mit.« Aber es sind vor allem *Fado*-Fans aus aller Welt, die heutzutage nach Lissabon kommen, um einen Abend im *Clube de Fado* zu verbringen und um Mário persönlich kennenzulernen. Das geht erstaunlich leicht: Zwischen den einzelnen Sätzen des Abends steht er vor der Tür des Clubs, raucht seine Zigarette und plaudert fröhlich mit jedem, der ihn anspricht. Er lacht dabei viel und gerne, seine Augen blitzen, er lässt sich auf die Gesprächspartner ein, reißt mit amerikanischen Touristen Witze über Donald Trump, gibt Tipps, was man sich am nächsten Tag anschauen sollte, schwärmt von Lissabon: »Ich könnte nur hier leben: Mit diesem Licht, mit diesen Menschen, mit dem Fluss und den Hügeln und allem, was zu der Stadt gehört.«

Was er sich wünscht für die Zukunft? »Nicht besonders viel, ich lebe hier meinen Traum. Ich wünsche mir, dass ich den Club weiter erfolgreich führen kann, hier verdienen schließlich rund 20 Leute ihr Geld. Und dass der *Fado* weiterhin in den Herzen meiner Landsleute bleibt und sie die Musik und ihre Würde verstehen.«

Nächste Doppelseite: *Fado*-Abend

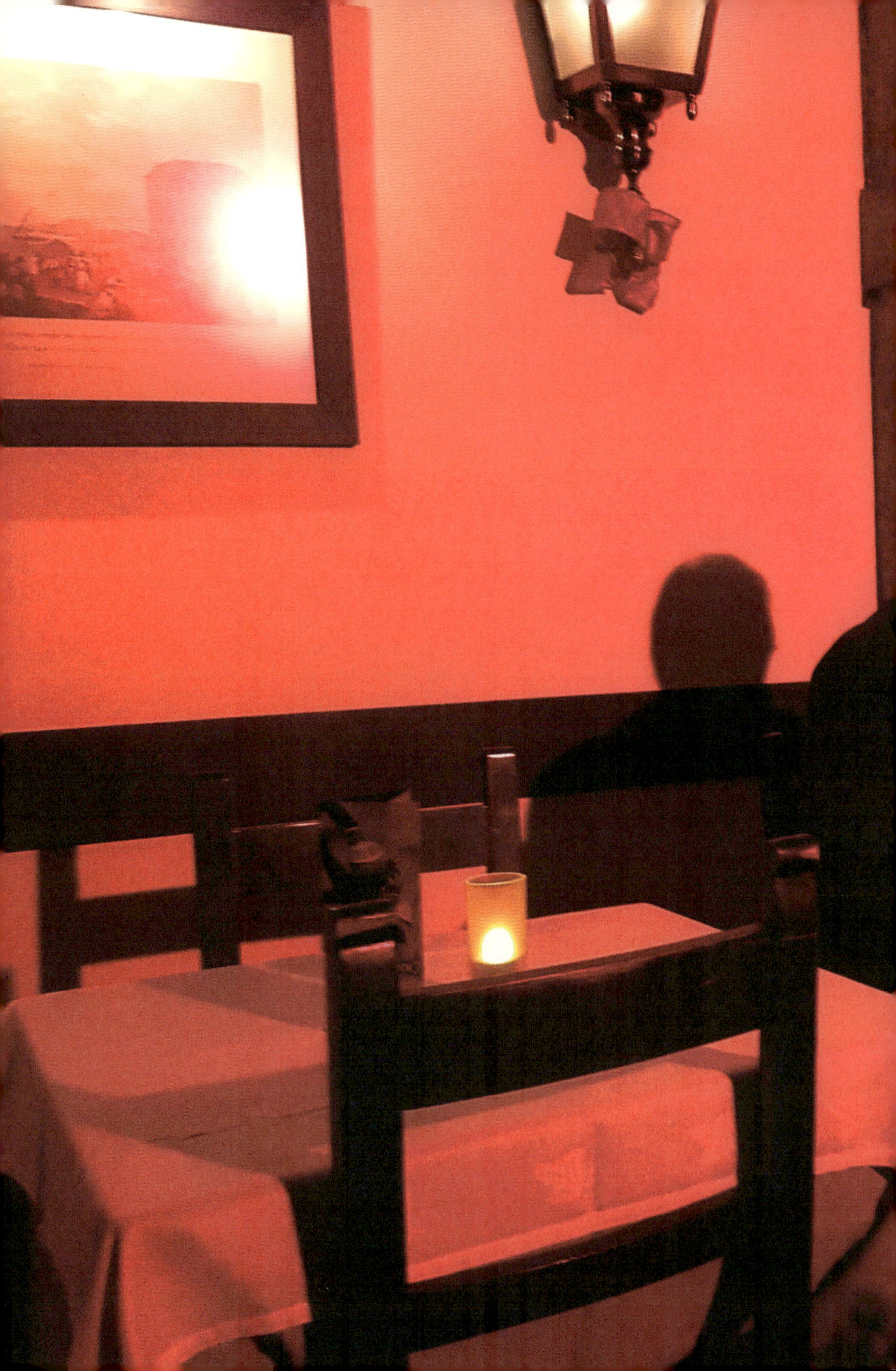

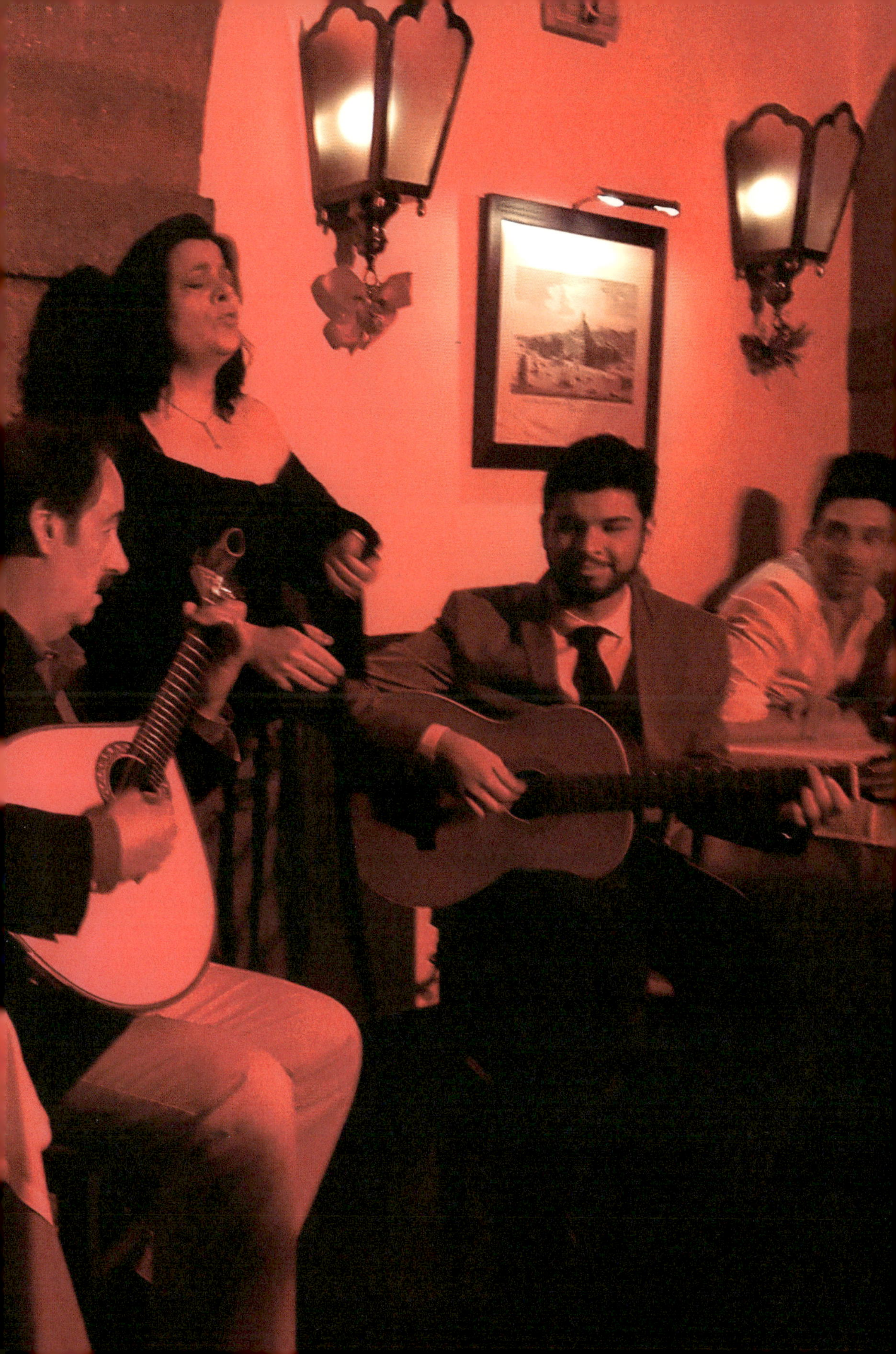

DER BALL IST RUND: JOÃO RAIMUNDO

»Es gibt zwei Sachen, zu denen Portugiesen früh kommen.
Erstens zum Fußball. Und zweitens, zu dem Schluss,
dass es sich nicht lohnt, zu früh zu irgendwas zu kommen.«
Miguel Esteves Cardoso

Dass der Ball rund ist, ins Eckige muss und dass ein Spiel 90 Minuten dauert, das weiß man auch in Lissabon – zum Glück kennen die Fernsehkommentatoren diese Sepp-Herberger-Weisheiten aber nicht, was die Übertragungen erträglicher macht. Für mich bleibt heute auch nur das Fernsehen, um das ewig brisante Derby zwischen *Sporting* und *Benfica* zu sehen – die 52 000 Karten im *Alvalade*-Stadion von *Sporting* waren für *Socios*, also Mitglieder der beiden Vereine, reserviert. Wahrscheinlich hätte der Club das drei- oder vierfache verkaufen können. Dieses Derby gehört zu den ganz großen in der Welt – vergleichbar mit *Real* gegen *Atletico* in Madrid, Schalke gegen den BVB im Ruhrpott, *Rangers* gegen *Celtic* in Glasgow oder *River Plate* gegen *Boca Juniors* in Buenos Aires.

Fußball ist in Lissabon, ist in ganz Portugal mehr als nur eine Leidenschaft, die Fußballverrücktheit im ganzen Land ist für Nordeuropäer schwer vorstellbar. Gleich drei Fußball-Tageszeitungen erscheinen, *A Bola* (*Der Ball*) ist die auflagenstärkste portugiesische Zeitung überhaupt. Als die portugiesische Nationalmannschaft 2016 Europameister wurde, verfiel das ganze Land in einen Freudentaumel, von dem es sich bis jetzt noch kaum erholt hat. Der Slogan, mit dem das Team in das Turnier gezogen war, *No somos 11, somos 11 milhoes* – »Wir sind nicht 11, wir sind 11 Millionen«, war aber auch wirklich gut: demografisch zwar geflunkert (Portugal hat nur noch knapp mehr als 10 Millionen Einwohner), aber bei dem, was nach dem Titelgewinn abging, genau auf dem Punkt.

Die drei großen Clubs des Landes – neben den beiden Lissabonner Mannschaften ist das auch noch der FC Porto – dominieren den Sport seit die Erste Liga 1938 eingeführt wurde, in erdrückender Weise: In den seither vergangenen 81 Spielzeiten stand 79-mal einer der drei Großen am Ende an erster Stelle. Nur zwei anderen Mannschaften gelang das Kunststück, Meister zu werden: *Os Belenenses* aus *Belém* im Jahr 1946 und *Boavista* aus Porto im Jahr 2001. In vielen Familien vererbt sich die Anhängerschaft zum Club, wobei es nicht immer nur um regionale Präferenzen geht: An den Spieltagen der portugiesischen Liga laufen in Lissabon deshalb nicht nur Leute mit den roten Trikots von *Benfica* oder den grün-weiß geringelten Hemden von *Sporting* herum, man sieht auch viele, die sich mutig mit den blau-weiß gestreiften Jerseys des FC Porto zeigen. »Bei uns ist das Trikot keine Frage der Konfektion, sondern eine der Konfession«, grinst mein Freund Telmo, selbst von Kindesbeinen an eisenharter *Sporting*-Fan.

Telmo hat allerdings auch keine Karte für das Spiel bekommen, und so hocken wir in unserer Stammkneipe bei Carlos vor dem Fernseher. Der Laden ist nicht besonders groß – 13 Tische mit 26 Stühlen – und schon eine Stunde vor dem Spiel gibt es nur noch Stehplätze. Die Stimmung ist gut, man kennt sich, es wird gefachsimpelt, Schlachtrufe werden gebrüllt und ein ums andere Mal wird die *Benfica*-Hymne gesungen. Als im Fernsehen der *Sporting*-Trainer Jorge Jesus eingeblendet wird, skandiert die Truppe im Fortissimo »Judas, Judas« – der Trainer war vor der Saison 2015/16 von *Benfica* zum Rivalen übergelaufen, ein ungeheurer Skandal. Unser Wirt ist glühender *Benfica*-Anhänger, und fast alle Leute im Besucherraum tragen das rote Trikot. Dass

Telmo sich in grün-weißer Kluft hierher traut, zeigt, dass, bei aller Rivalität der Clubs und Fans, die legendären guten Sitten der Portugiesen überbordende Aggressivität zumeist gar nicht erst aufkommen lassen. Für die Mehrheit in der Kneipe gibt es auch keinen Grund dazu: *Benfica* gewinnt, Telmo erträgt Schaden und Spott mannhaft, und alles ist gut.

So interessant es auch sein mag, über *Benfica* oder *Sporting* zu plaudern, es interessiert mich doch mehr, wie es ist, im Schatten solcher Giganten zu stehen. Deshalb verabrede ich mich mit João Raimundo, seines Zeichens Direktor des Nachwuchsprogramms beim *CF Os Belenenses* aus dem westlichen Stadtteil *Belém*. Wir treffen uns im *Restelo*-Stadion, ein wahres Schmuckstück, das direkt in den steilen Hügel hineingebaut ist, der sich hinter dem *Mosteiro dos Jerónimos* erhebt. Immerhin fasst es 19 000 Zuschauer, aber trotzdem ist es von der daneben laufenden Straße nur in Teilen zu sehen, es passt sich perfekt ein in die Landschaft. Es ist hufeisenförmig angelegt, von der Nordtribüne bietet sich ein atemberaubender Blick über das Kloster, das Entdeckerdenkmal, den *Torre de Belém* und das *Centro Cultural de Belém* hinweg zum *Tejo*.

»Nicht so schlecht, oder?« fragt João, als wir uns zwischen zwei Trainingseinheiten am Nachmittag treffen. Seit 2008 ist der ausgebildete Sportlehrer im Club, und er ist verantwortlich für rund 30 Jugendmannschaften im Alter von acht bis 19 Jahren. »Das heißt in der Regel, dass ich 12 Stunden am Tag hier verbringe, meistens komme ich nicht vor 21 Uhr nach Hause.« Was das Ziel seiner Arbeit ist, möchte ich wissen, und er holt aus: »Grundsätzlich ist es die Aufgabe der Jugendarbeit, Spieler so auszubilden, dass sie in den Profibereich wechseln können. Das geht natürlich nicht von einem Tag auf den anderen, und wir gehen behutsam vor. Bei den ganz jungen Spielern bieten wir Fußball für alle, die Lust am Kicken haben. Für diejenigen, bei denen wir ein gewisses Talent feststellen und meinen, dass sie den Durchbruch schaffen könnten, gibt es ein Spezialprogramm, wo sie eine intensive technische und taktische Ausbildung erhalten. Außer-

Nicht nur ballsicher: João Raimundo

dem, und das ist sehr wichtig, trainieren wir den Körper auf Schnelligkeit, Standfestigkeit und Kraft.«

Die portugiesischen Fußballclubs sind bekannt für ihre hervorragende Jugendarbeit, im Nachwuchsbereich wurden bereits neun Welt- und Europameisterschaften gewonnen. »Junge Spieler entwickeln, sie in den Profibereich führen und dann transferieren, das ist für alle Clubs, auch für die drei Großen, seit Jahren überlebensnotwendig«, sagt João. Tatsächlich hat die portugiesische Liga in den fünf Spielzeiten von 2013/14 bis 2017/18 einen Transferüberschuss von mehr als 800 Millionen Euro erwirtschaftet – das ist einzigartig in der Welt.

Entdecken, ausbilden, verkaufen – das könnte man auch als einen reichlich zynischen Ansatz für den Umgang mit Kindern und Jugendlichen halten: eine Wette auf Gewinn, bei der man von vornherein weiß, dass sie nur im Ausnahmefall erfolgreich sein kann. »Nein, das sehe ich nicht so«, entgegnet João. »Die Clubs bieten den Jugendlichen ja nicht nur eine sportliche Ausbildung. *Os Belenenses* selbst hat zwar keine eigene Fußballakademie, aber wir kooperieren mit Schulen und Betrieben, wir kümmern uns intensiv um die Ausbildung der Jugendlichen und betreuen sie auch bei persönlichen Problemen. Es geht uns um die Persönlichkeitsentwicklung insgesamt, um soziale Bildung. Man kann sportliche, soziale und akademische Fähigkeiten nicht isoliert behandeln.« Deshalb findet er auch das Sportsystem in den USA ziemlich gut: »Die High Schools ziehen sehr gute Sportler heran, und die Colleges bieten den besten von ihnen Stipendien. Dadurch können auch Jugendliche aus armen Verhältnissen eine gute Ausbildung bekommen. Ob sie danach Profisportler werden oder nicht, sie profitieren persönlich davon. Gleichzeitig gilt dort auch immer: Wenn die Noten nicht stimmen, ist es vorbei mit der Karriere als Sportler.«

Um den Zielen gerecht zu werden, wird natürlich ständig Nachschub benötigt: *Os Belenenses* hat, wie auch die anderen Clubs in Portugal, ein Scoutingsystem aufgebaut, mit dem Talente möglichst früh erkannt und nach Lissabon geholt werden sollen. »Unser Fokus liegt dabei eindeutig auf Portugal«, erklärt João. Allerdings schaut man auch intensiv nach Afrika, und derzeit sind sogar Jugendliche aus Australien und Kanada beim Club.

Er selbst hat als Jugendlicher bei *Sporting Lissabon* gekickt, zu einer Profikarriere hat es allerdings nicht gereicht. »Ich hätte das gerne gemacht, aber ich habe selbst eingesehen, dass ich dieses Niveau nicht erreichen werde. Also habe ich Sport studiert, und ich trainiere seit mehr als 20 Jahren Jugendmannschaften.« Das füllt ihn vollkommen aus: »Ich liebe meinen Job, ich liebe es, mit den Jugendlichen zu arbeiten. Jeder Tag bringt etwas Neues, und das Schöne ist, dass wir uns im Jugendbereich mit den großen Clubs auf Augenhöhe bewegen, dass wir immer wieder als Gruppe Erfahrungen machen, ob positiv oder negativ. Dass wir gemeinsam erfahren, was *conquista, resiliença, luta* – Eroberung, Widerstand, Kampf – wirklich bedeutet.«

Resiliença ist dringend nötig bei einem Fußballclub, der nicht zu den großen im Lande gehört und deshalb finanziell ständig auf der Rasierklinge balancieren muss. Das wird deutlich bei den Zuschauerzahlen: *Benfica* kam in der Spielzeit 2017/18 auf durchschnittlich 53 000 Zuschauer, *Sporting* und der *FC Porto* auf jeweils 43 000. Bei *Os Belenenses* waren es im Schnitt gut 3300 Zuschauer – und das schließt die Spiele gegen die großen Drei ein. Bei Spielen gegen weniger attraktive Gegner kommt es durchaus vor, dass sich weniger als 2000 Leute in dem Stadion verlieren. »Wir sind aber keine Ausnahme«, erläutert João: »Von den 18 Clubs in der ersten Liga haben 13 einen Zuschauerschnitt von weniger als 10 000 pro Spiel.« An den Preisen liegt das jedenfalls nicht: Die Tickets sind ab acht Euro zu haben, das ist selbst im wirtschaftlich angeschlagenen Portugal machbar.

Eine mögliche Erklärung für die mangelhaften Zuschauerzahlen ist die geringe Fanbasis der meisten Clubs: »Fast alle Portugiesen sind Anhänger eines der drei großen Clubs – die sind erfolgreich, haben weltweit einen guten Ruf und die Medien berichten jeden Tag sehr umfangreich über sie«, sagt João. »Aber viele Menschen haben kleinere Vereine als ›zweiten‹ Club im Herzen und drücken denen die Daumen. Das ist auch bei uns so. Und wir sind sehr beliebt bei Portugiesen, die im Ausland leben.« Gerade bei denen spielt sicherlich auch die Nostalgie mit: *Os Belenenses* hatte seine beste Zeit zwischen 1925 und 1935, als man dreimal das *Campeonato* gewann, was aber heute nicht mehr offiziell als Meisterschaft gewertet wird, und drei weitere Male im Finale stand. Immerhin wurde der Verein 1946 portugiesischer Meister und holte dreimal den portugiesischen Pokal, zuletzt 1989.

»Die Tradition des Clubs spielt natürlich eine Rolle, wenn wir mit jungen Talenten sprechen«, sagt João. Vor allem in den portugiesischsprachigen Ländern hat der Verein bis heute einen sehr guten Ruf. »Außerdem sind wir im Vergleich zu dem was *Benfica* oder *Sporting* im Jugendbereich machen, eine kleine, familiäre Organisation. Möglicherweise haben die Eltern deshalb manchmal ein wenig mehr Zutrauen zu uns als zur Konkurrenz.« Sagt's, fängt einen Ball auf und verabschiedet sich mit einem Schulterklopfen. »Komm mal zu einem Spiel.« Ich habe es gemacht. *Os Belenenses* spielte unentschieden.

PAUSE FÜR *SAUDADE*: LISSABON FEIERT

Die Portugiesen stehen ja in dem Ruf, ein recht melancholisches Völkchen zu sein. *Saudade* überall. Wer das im Kopf hat und seinen ersten Lissabon-Besuch im Juni macht, wird sich deshalb verwundert die Augen reiben. Denn im Juni hat die *Saudade* Pause, der Juni ist der *Junho das Festas*: Überall in der Stadt wird gefeiert, und zwar ausgiebig. Bei katholischen Prozessionen drängen sich Tausende, in allen Stadtvierteln gibt es Live-Musik, die Straßen und Häuser werden mit Girlanden geschmückt, Feuerwerke werden abgebrannt. Und wo immer es geht, werden Brachflächen in Partyzonen verwandelt: Ein paar Biertische, Bänke und Stühle, ein Grill, dazu ausgiebig Bier und Sangria und laute Musik, zu der dann auch ordentlich getanzt wird.

Gleich drei Volksheilige werden im Juni gefeiert, aber *Santo António*, der Hl. Antonius von Padua, ist der Lissabonner Lieblingsheilige. Trotz seines Namens war Antonius ein echter *Lisboeta*, hier geboren und aufgewachsen. Er wirkte im frühen 13. Jahrhundert, und es werden ihm zahlreiche Wundertaten zugeschrieben – so soll er einen kleinen Jungen wieder zum Leben erweckt haben, ein Säugling deutete auf Bitte des Heiligen seinen leiblichen Vater aus, ein hungriger Esel verschmähte sein Futter und verneigte sich stattdessen vor einer Hostie. Für die *Lisboetas*, die ja mit großer Begeisterung alles essen, was aus dem Meer kommt, ist ein anderes Wunder aber wichtiger: Bei Rimini soll der Heilige, nachdem die Einwohner eines Dorfes sich weigerten, mit ihm die Messe zu feiern, kurzerhand zu den Fischen im Meer

Sardinen spielen die Hauptrolle

gepredigt haben, die natürlich pflichtschuldigst zu Tausenden angeschwommen kamen. Nach dieser Sardinenpredigt besannen sich die aufmüpfigen Dörfler eines Besseren.

Sein Ehrentag ist der Höhepunkt des Partymonats. In der Nacht vom 12. auf den 13. Juni bevölkert wenigstens eine halbe Million Menschen die Straßen in den alten innerstädtischen Stadtteilen *Alfama*, *Mouraria*, *Santa Catárina* und *Bairro Alto*. Kirchengruppen und Vereine grillen Sardinen, verkaufen Bier und so mancher Anwohner der engen Sträßchen bietet aus dem Erdgeschossfenster Schnaps oder Kirschlikör an. Auf der Prachtstraße *Avenida Liberdade* führen bunt kostümierte Truppen aus den Stadtteilen bei den *Marchas Populares* über Monate einstudierte Tänze auf. Es gibt sogar ein eigens errichtetes Ministadion, wo die Darbietungen bewertet werden. Lissabon probiert sich als kleine Schwester des Karnevals in Rio de Janeiro. Es ist eine sehr viel kleinere Schwester, aber Lissabon ist ja auch eine sehr viel kleinere Stadt.

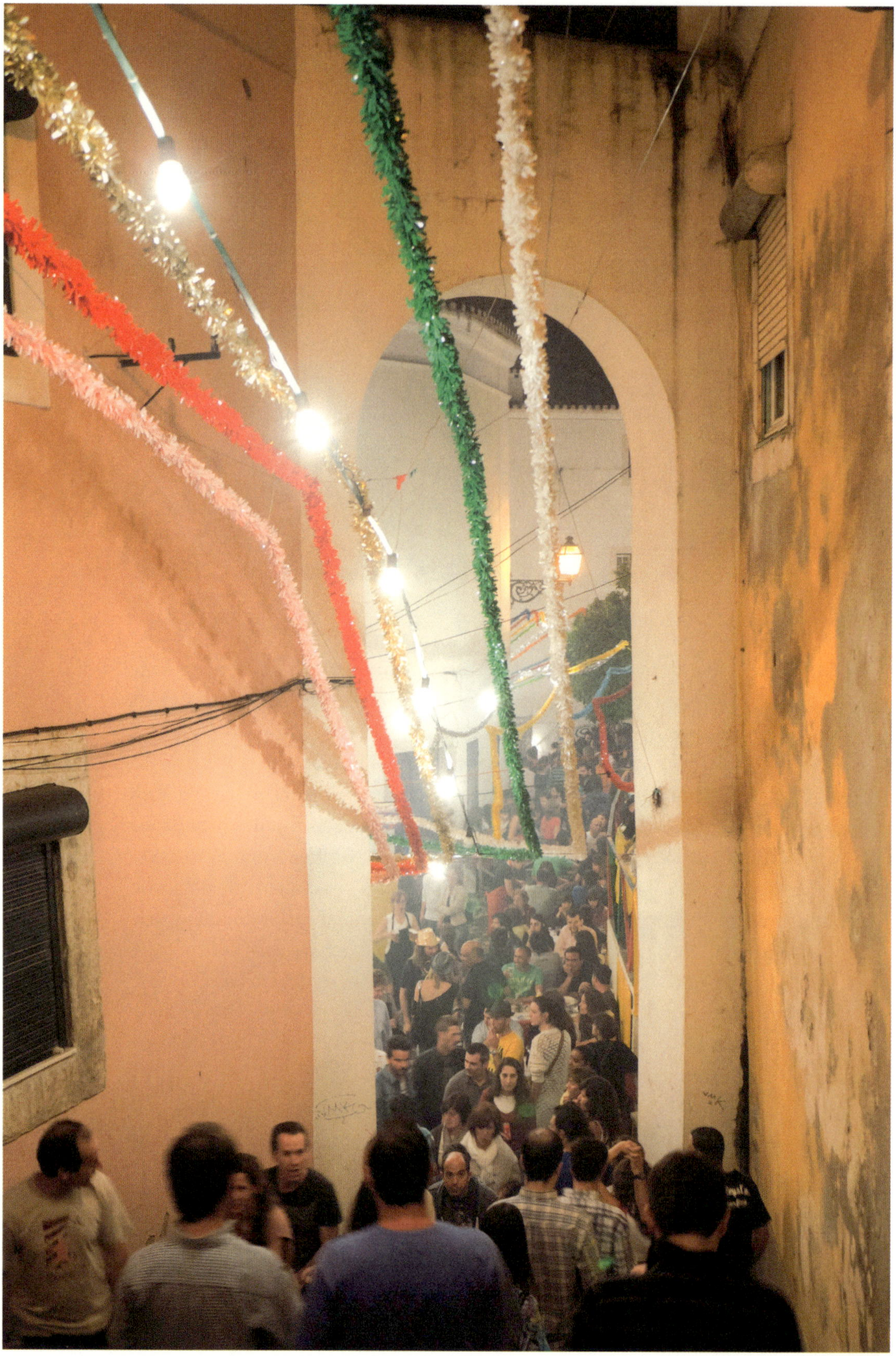

Gleich am Morgen des 12. Juni steht der erste Höhepunkt an, die *Casamentos de Santo António*, die »Hochzeiten des Hl. Antonius«. 16 Paare werden auf Kosten der Stadt getraut, elf davon in der Kathedrale, die anderen in einer zivilen Zeremonie im Rathaus. All diese Paare stammen aus wirtschaftlich schwierigen Verhältnissen, es war deshalb nicht leicht, mit zwei der jungen Leute ins Gespräch zu kommen. Irgendwann ließen sich Inês und Diogo aber breitschlagen, mit mir zu reden, unter der Bedingung, dass ich sie nicht fotografiere und nur ihre Vornamen nenne.

Beide arbeiten als Verkäufer in einem Supermarkt, beide erhalten den Mindestlohn, der in Portugal bei 600 Euro im Monat liegt. »Eine richtige Hochzeitsfeier mit der ganzen Familie und unseren Freunden hätten wir uns nicht leisten können«, sagt Inês. Deshalb hätten sich die beiden auf gut Glück für die *Casamentos* beworben. »Als die Zusage kam, waren wir völlig überwältigt, und unsere Mütter haben geweint vor Glück«, erzählt Inês. Ob es seitens der Stadt Bedingungen gegeben habe, will ich wissen. »Eigentlich nicht. Wir mussten belegen, dass wir wenig Geld haben. Und man darf keine Straftat begangen haben«, erläutert Diogo.

Und jetzt also ein großes Fest mit der ganzen Familie auf Kosten der Stadt? Inês erzählt: »Jedes Paar darf insgesamt 20 Leute einladen, das sind natürlich unsere Familienangehörigen. Die Stadt bezahlt auch die Hochzeitskleidung für uns.« Alle 16 Paare feiern in der *Estufa Fria*, dem großen ehemaligen Gewächshaus im *Parque Rei Eduardo VII*, dem größten innerstädtischen Park Lissabons. »Und in der Nacht müssen wir bei den *Marchas* dabei sein.« Viel mehr können die beiden nicht erzählen, ich lasse sie deshalb in Ruhe und wünsche ihnen alles Gute für die Ehe. Sie haben einen langen Tag vor sich: Um 9 Uhr morgens beginnt der Traugottesdienst, danach gehen sie in einem Festzug den *Alfama*-Hügel hinunter zum Rathaus, wo um 15 Uhr die Zivoltrauungen stattfinden. Im Anschluss daran fahren sie in einem Oldtimer-Konvoi zu *Estufa Fria*, wo gefeiert wird. Und bei den *Marchas* bilden sie traditionell den Abschluss. Bis dahin wird es weit nach Mitternacht sein.

Die *Casamentos de Santo António* sind heute eine hoch geschätzte Lissabonner Tradition. Dabei sind sie noch gar nicht so alt: Die regimetreue Zeitung *Diário Popular* führte sie 1957 ein und richtete sie bis 1974 aus. Nach der Nelkenrevolution wurden die Hochzeiten ausgesetzt, erst seit 1997 finden die *Casamentos* in der jetzigen Form und in städtischer Regie statt. Wieviel Geld die Stadt dafür ausgibt, mochte mir niemand sagen, nur soviel habe ich herausbekommen: Im Rahmen von Hochzeitsfest und *Marchas* sind rund 1100 Personen beschäftigt.

Falls Sie jetzt Lust bekommen haben, just an diesen beiden Tagen Lissabon zu besuchen, kann ich Sie nur ermutigen. Es ist wirklich etwas Besonderes, sich in einer Stadt zu bewegen, die komplett auf den Füßen zu sein scheint. Aber Vorsicht: In der Nacht stellen Busse, Straßenbahnen und Metro den Betrieb schon früh ein, und der sonstige Straßenverkehr bricht völlig zusammen. Sie müssen also laufen, über Hügel und Täler, und das immer gemeinsam mit ein paar tausend neuen Bekannten. Ihre Füße werden Ihnen am nächsten Tag die Freundschaft kündigen. Aber das Erlebnis ist unvergesslich.

LESELISTE

Horst Günther: *Das Erdbeben von Lissabon: Wie die Natur die Welt ins Wanken brachte – von Religion, Kommerz und Optimismus, der Stimme Gottes in der Natur und der sanften Empfindung des Daseins.* Wiesbaden: Corso, 2016.

Rainer Groothuis, Christoph Lohfert (Fotos): *Lissabon: das helle, traurige Paradies.* Hamburg: Edel Momenti, 2010.

Simon Kamm: *Portugal. Ein Länderporträt.* Berlin: Ch. Links, 2014.

Alexandra Klobouk: *Lissabon. Im Land am Rand.* Berlin: Viel & Mehr, 2015.

A.H. de Oliveira Marques: *Geschichte Portugals und des portugiesischen Weltreichs.* Stuttgart: Kröner, 2001.

Joana Sousa Monteiro/Margarida Almeida Bastos (Hg.): *The Light of Lisbon.* Ausstellungskatalog. Lissabon: Museu de Lisboa, 2015.

Rui Vieira Nery: *A History of Portuguese Fado.* Lissabon: Imprensa Nacional – Casa da Moeda, 2012.

Luís Pavão: *Fado Português.* Bildband mit 4 CDs. Hamburg: Edel Earbooks, 2005.

Fernando Pessoa: *Mein Lissabon. Was der Reisende sehen sollte.* Frankfurt/M.: Fischer, 2016.

Rita Cortes Valente de Oliveira/Alexandra Klobouk: *Die portugiesische Küche.* München: Kunstmann, 2014.

Jan Winszus: *Lissabon.* Bildband. Hamburg: Mare, 2013.

Martin Zinggl: *Lesereise Lissabon. In der Wehmut liegt die Kraft.* Wien: Picus, 2017.

Bildnachweis
Alle Fotos von Holger Ehling, außer:
AdobeStock: S. 2, 4, 6, 22, 24, 28, 43, 52, 97, 100, 124, 130, 190
dpa: S. 16, 79, 88
iStock: S. 32, 59, 69, 187
Unsplash: S. 1 / catarina carvalho, Lata65: S. 76, Catarina Bothelo: S. 81

DANKESCHÖN

Eine der schönsten Erfahrungen bei der Arbeit an diesem Buch war die große Hilfsbereitschaft, mit der mich viele liebe Menschen unterstützt und mich mit Informationen und Zuspruch begleitet haben. Bei ihnen bedanke ich mich aufs Herzlichste:

Inês Andrade, José Antunes Ribeiro, Margarida Almeida Bastos, Mário de Carvalho, Paula Cerejeiro, Dora Fernandes, Annegret Heinold, Teo Ferrer de Mesquita, Beatriz Gomes Flores, Sara Inácio, Michael Kegler, Renata Lima Lobo, Sara Pereira, Maria Antónia Pinto de Matos, Bruno Pires Pacheco, António Carlos Prazeres, Margarida Santos-Reis, Clara Silva, Inês de Sousa Real, António Teixeira, Alexandre Vasconcelhos e Sá und Nicole Witt.

Der größte Dank aber gebührt Monika, ohne deren Verständnis und Unterstützung all dies nicht möglich wäre.

Willkommen woanders.

CORSO No. 68
Holger Ehling
Lissabon
Begegnungen in der Stadt des Lichts

© Corso in der Verlagshaus Römerweg GmbH, 2019
Römerweg 10, D-65187 Wiesbaden

© Zitat Fernando Pessoa auf S. 9:
Fernando Pessoa: *Mein Lissabon. Was der Reisende sehen sollte.* (Frankfurt/M.: S. Fischer, 2016)

Cover: Karina Bertagnolli, Wiesbaden
Layout & Satz: Anja Carrà, Weimar
Lektorat: Timo Suchomelli, Wiesbaden
Gesetzt aus der Cocotte und der Fairfield
Gesamtherstellung: CPI books, Ulm
Printed in Germany. Alle Rechte vorbehalten.
ISBN 978-3-7374-0750-2

Mehr über Ideen, Autoren und das Programm von Corso finden Sie unter:
www.verlagshaus-roemerweg.de